20世纪中国图书馆学文库·8

现代图书馆序说

马宗荣 著

图书馆学 ABC

沈学植 著

国家圖書館出版社

现代图书馆序说

马宗荣　著

本书据中华学艺社 1928 年 3 月初版排印

（原书所附图未排印）

序

图书馆在教育上占重要之位置，已允为各国教育家所公认。盖以其对于社会，既可为民众进德，修业，慰安，娱乐之所，复能补助家庭教育，学校教育及社会教育，而增长其效能。故居今日而言教育，社会教育及家庭教育，固宜与学校教育并驾提倡；而图书馆教育，尤宜急求发展。

著者昔从事于教育界有年，继来留学日本，又系专攻教育行政与社会教化事业，是以于民国十年夏，利用假期归国旅行江南，曾一详考我国图书馆教育现况，藉以作研究参考。殊所得结果：就馆数与阅览人数的统计上说，已令人不胜浩叹；再一实地参观其内容，若组织，若设备，若事务处理及教育诸方面，多名存实亡，尤令人悲观。

著者曾进言于某馆长，请其力求改良。忆其答曰："某非不欲改良，奈某也不才，对于是科的素养太浅，而不但是科的学校诚难求，即自修或参考的书籍，亦诚难获也。"著者闻其言，始而疑之，继而调查吾国出版论述图书馆之书籍,诚屈指可数;且记载较详明者,坊间已不易购获。是则图书馆内容的不振,其病源或果如某馆长之所言。

又一据理论推,察馆数与阅览人数稀少的原因,要不外或系无人提倡,或系无人善于利用。换些话说,均由于民众不了解图书馆教育的价值及利用与提倡及发展诸方法之所致。

合以上二者而进一步求之,谓罪在教育者对于图书馆常识方面的宣传过于冷淡,亦非苛论。反之,苟有一常识化系统的说明图书馆的书籍出现,其有裨益于教育界,岂浅鲜也哉?

著者既受此种刺激,归日而后,因每触物而兴感,甚盼国内有一通俗图书馆学出现,但至民国十二年夏,忽焉已及两载,除得见一二极薄极简的小册子外,仍不可得。

而著者因所受之刺激甚深,故望此类图书出版之心颇切。无已,当时因取旧有关于论述图书馆之书籍,重为推敲,抄译其精华,再加以一己调查所得及理想,纂成《现代图书馆序说》,《现代图书馆经营论》,《现代图书馆事务论》,《现代图书馆教育论》,《现代图书馆发展论》五编,以公之于世。盖欲藉以"抛砖引玉"耳。

五书既成,又因希成单行本时较少谬误之故,特先在《学艺杂志》上连续发表,以求高明者之指正。民国十二年夏编著之书籍,延至十五年冬始付印刷者,缘此故也。

惟居今日而观吾国图书馆界的现状,则不能不曰较善于前。盖言夫实际施设,如东南大学之孟芳图书馆,清华学校之附属图书馆,商务书馆之东方图书馆等,其经营,管理各方面,实堪资师效。言夫图书馆员养成机关,上海国民大学,武昌文华大学均设有图书馆学专科,东南大学亦屡开图书馆学夏期讲习会。言夫发展机关,上海图书馆协会创始于前,中华图书馆协会继兴于后。至关于论述图书馆的典籍,杨君昭悊,桂君质柏,杜君定友,王君岫庐,洪君有丰等诸专家,均各出有专著;而上海图书馆协会,中华图书馆协会的会志,亦先后诞生。由是以观,著者所谓"抛砖引玉"之目的已达;且重读旧作,甚感应待补充之处孔多,因拟不复作单行本付印。旋得上记诸氏专著而一读,见其着眼点及取材各有不同,似又不妨可以重出;而从事修补,据著者目下的理想,势将动及全局,无异新著,故卒仍取旧稿付刊。所幸著者认定吾国之图书馆事业尚在胚胎时代,教育者当力事宣传奖励;而个人对于图书馆学,亦还在努力继续研究,他日或将另有所著作,以补其缺。

付刊之意既决,因记其始末以为序。

民国十五年十一月十一日　著者序于江户千驮谷三岛寓

凡　例

一. 本著合《现代图书馆经营论》,《现代图书馆事务论》,《现代图书馆教育论》及《现代图书馆发展论》,而成一系统的图书馆学,故读本著者,能取上记四书而并读之,可收获全部知识之益。

一. 本著先明现代图书馆竟为何物,并揭其任务;次述国内外图书馆古今发展之状况,而特抽出现代图书馆所具之各项特征,作为专节详论;又次由图书馆的种类发笔,进而详论国立图书馆,国民图书馆,专门图书馆,儿童图书馆与学校图书馆与开架式图书馆之意义任务及经营上最宜注意之点;再次述及图书馆与人生的关系。以期了解图书馆的本体及价值。

一. 本著纂述上力图事实与理论并重,兼妥为批评其间有不如此者,多系显而易见,无待赘叙处又叙述各项施设,多不厌其详。盖本著之目的,非敢为专门家语;代初入门者设想,有不得不然者。

一. 本著中记载之施设方法,多择新稳而易仿行之设计;统计方面,力图根据最近之调查。后者中,间或有不如是者,乃因目下无相当较新资料之所致,尚望阅者谅之。

一. 本著所附图表,确信可供经营图书馆者之参考。甚盼读者注意及之。

一. 本著之成,受助于中华学艺社总干事郑贞文理学士者甚多。谨附志于此,以表谢意。

一. 本著系利用课余,短期草成,谬误之处,或所不免,甚盼高明之指正。

目　　次

第一章　图书馆的意义及任务

第一节　图书馆的意义

图书馆是什么？这个问题，因为我国图书馆事业虽发生得极早，且历代的贤君名儒也力加提倡，致使这种事业，不但未致于中绝，有时且有进步发展的气象。然而因为他的名称，不叫做图书馆而叫做"文库"或"藏书楼"、"书院"等，故能十分透彻了解的人极少极少。

今欲研究现代图书馆的意义，请先就我国古时的"文库"、"藏书楼"等而一考之。

先就其"质"的方面说：所谓"文库"者，第一少不去"图书"，第二离不开"书库"；且这二者，不可分离：有"图书"，自有"书库"的必要；有"书库"，不可不有"图书"。次就其"力"的方面说：一，他具有"保存图书"的力；二，他具有"供给一部分人研究学问"的力。

次说西洋的图书馆。西洋诸国的图书馆，在英美叫做"Library"；在德，叫做"Bibliothek"；在法，叫做"Bibliothéque"。英语的"Library"一语，源出于拉丁语的

"Liber"一语;"Liber"一语,是书籍的意思。德语的"Bibliothek"一语及法语的"Bibliothéque"一语是由希腊语"βιβλιον"及"θηκη"二语相合而成;希腊语的"βιβλιον"一语,是书籍的意思,"θηκη"一语,是场所的意思。故从西洋诸国的语源看来,图书馆的"质"的方面也含有两层意思:其一是"书籍的藏置所"的意思;其二是"书籍的集团"。又试一考西洋图书馆的"力"的方面。这个问题就不如我国"文库"的"力"那样简单,他的"力"是进步的。详细说:西洋古代的图书馆的"力",也和我国的"文库"一样,是"保存图书","供给帝王,公卿,名儒研学问";时代渐近,他的第二种"力"的势力圈就渐渐扩大;到了近代,他的第二种"力"就变成"资民众的阅览",并且占了主要的地位,而"文献的保存"的第一种"力",反变成了副的力了。

总上所论,经许多学者研究的结果,得下列图书馆的定义:

"图书馆,是搜集可为人群文明的传达者,仲介者,有益的图书,并保管之;使公众由最简单的方法,得自由阅览的教育机关"。

第二节　图书馆的任务

图书馆的意义,即如上述,从而得分图书馆的任务为二种:其一,系搜集古今东西的可作文明传达者,仲介者,有益的图书而保管之,更传之于后代,以使文化得以继续;其二,是谋及公众得以自由的阅览,以促人群智识的进步和发展。

其二的任务,即前节所谓的图书馆的"力"。换句话说,就是图书馆的活用。设立图书馆而当图活用,譬如饮食而当求其消化,故其任务的必要,无庸赘述。

然第一与第二,互成因果:有其一的花,无其二的果,图书馆固无裨益于教化界;但苟无其一的源,则自无其二的流,故其一的任务,也决不可轻视。

是以办理图书馆者,一面宜尽力于搜集有益的图书;一面须尽力求阅览手续的简单,撤去阶级的制限,使凡属民众,均得自由的利用。

第二章　图书馆的沿革

第一节　我国图书馆的沿革

我国的图书馆,有史极早。周的王室文库,是为我国最古的大图书馆。其时老子为图书馆长。

秦始皇焚诗书,后世遂谓经此灾后,自秦而上的典籍,悉被泯灭。其实其所烧者乃民间所藏,而博士所职者如故。且即民间所藏,秦亦未能尽获而悉烧之,故尚有一部分存而未失。

沛公至咸阳,萧何独先入,收秦丞相,御史律令图书藏之;汉高祖即位后,又以重金购买民间所藏遗书入内府,集书的事业因以复兴。后萧何又造石渠阁,以藏入关所得秦之图籍,而图书馆之规模复略成。传至惠帝,除挟书律,传至武帝,置藏书府,任写书之官,图书馆的事业,更日渐发展。成帝时,命刘向检校秘书。向卒后,至哀帝时,复使其子歆嗣父之业。歆遂总括群篇,撮其指要,著为《七略》:一曰集略,二曰六艺略,三曰诸子略,四曰诗赋略,五曰兵书略,六曰术数略,七曰方技略,开图书分类及目录之始。

后汉安帝时,曾诏五经博士校定东观五经,诸子传记,百家艺术;东观即为一官立的大图书馆。恒帝时,又置秘书监,掌禁中图书秘记。明帝时,班固依刘歆《七略》复作图书目录,以当时所存典籍,汇录于一册,谓之《艺文志》。

历三国而至于晋,秘书监荀勗分书籍为甲乙丙丁四部:甲部纪六艺及小学之书;乙部纪诸子,兵书,术数;丙部纪史记及其他记载;丁部纪诗赋图赞。简而得要,我国图书的分类学至此遂生一大改革。

南北朝时代,齐的学士馆,北齐的文林等均为当时的有名图书馆。魏兵来寇梁,梁武帝先焚书十四万卷,然后出降;此外刘宋王俭作《七志》梁处士阮孝绪作《七录》,均为图书目录之书,是图书馆事业颇为当时国家,社会所注意。

至于隋,东都的观文殿,是为隋图书馆的一例。又将荀勗的四部分类法略为修改,而移其史部于子部之前为经史子集四部。自后唐宋以下即依此称,将古今图书悉入于经史子集四部。

至于唐,始则唐太宗诏置弘文馆,聚四部书二十余万卷。继则玄宗于两都各聚书四部,以甲乙丙丁为次,列经史子集四库;其本有正有副。轴带帙签皆异色以别之。史称藏书事业,当推开元,图书馆的事业,可谓极盛。

五代时,兵连祸结,中外相戕,君臣相贼,德教至于废灭,图书馆的事业,因以不振,诚属当然之事。惟是印书的术,虽创于唐末,而实扩于五代,钞录的工既省,卷轴复变为书册。后唐明宗长兴二年,冯道奏令国子监校正九经,雕印卖之。由是经籍传布较广,文学普遍之端实启于此;是后图书馆事业日益发展,亦多受此之赐。

宋太祖移后周之祚而传至好学的太宗,始诏中外购募亡书,继立崇文院,贮书八万卷。仁宗,景祐元年,以内府藏书或谬滥不全,命张观,李淑,宋祁等详定其成废;王尧臣校勘,命类编目,总成六十六卷,赐名《崇文总目》。此外著名之图书馆甚多:如昭文馆,集贤馆,史馆三馆为最有名;其余若龙图阁,太清楼,玉宸殿等处,亦藏书至数万卷。图书馆的事业可谓达于全盛时代。

元朝执政,改经籍所为宏文院,徙平阳经籍所入京师。又立艺林库,专为收藏书籍。

至于明代,洪武时,大将军徐达入元都,收图籍,而送之南京;又诏求四方异书,设秘书监司其事。至于明成祖令南京书籍移贮文渊阁,更由杨士奇编有《文渊阁书目》刊行之。图书馆事业的发达,也不亚于唐宋。

清乾隆三十七年,开四库全书馆,征求天下书籍,十余年而成,统计十六万八千余册,分钞七分,建七阁以贮之。文华殿后的文渊阁,奉天行宫的文溯阁,热河避暑山庄的文津阁,圆明园的文源阁,这四个阁,谓之内廷四库。

又以江浙为人文所聚,特于江苏扬州的大观堂建文汇阁,镇江的金山寺建文宗阁,浙江西湖的孤山建文澜阁,这三阁的藏书,任人阅览并许可以借出。又四部分类法亦详加修改,颇为进步,日人誉为比之西洋诸国图书馆分类法可无愧色云。

又上七阁中所藏典籍,文渊阁及文溯阁所存者,现尚保存如故;文津阁所存者,现移于京师图书馆中,亦尚无阙失;至文源阁所藏,自英法联军入京后,已荡然无存。又南方的文汇,文宗两阁之书,太平天国之乱作后,毁于火;文澜之书,乱时亦被纷失,幸乱后经丁氏补钞以完其帙,今改存浙江省立图书馆中。

德宗时,张南皮作《书目答问》,于四部外别标丛书为专部,于是遂开现世经史子集丛五部分类法的端绪。

宣统时,始令各省设置"图书馆","图书馆"之名,始见之于我国之社会。民国四年,教育部公布图书馆令,始成为一种教育行政。

私家藏书,历代甚多:汉代匡衡的主人,唐代李泌的邺架,宋时司马温公的读书堂,元时倪瓒的清閟阁,明周定王六世孙睦㮮的万卷堂,范钦的天一阁,清季徐乾学的传是楼,徐秉义的培林堂,徐元文的含经堂,金檀的文瑞楼,阮元的文选楼,汪士钟的艺芸书舍等,均极有名的私人图书馆。

此外尚有堪特笔的事:一为明季常熟毛子晋喜收书,

湖州书舶，云集于其门，筑有汲古阁，以为藏书的所，积至八万四千册，四部之书，无不翻雕，故史称毛氏之书走天下；又其一为晋孙蔚家藏书，任人自由取阅，远近来读书者，恒有百余人，蔚为办衣食。不意西洋诸国最近的图书馆理想案，毛孙二氏竟于若干年前早着先鞭了。

综上而观，我国历代的图书馆事业，不可谓没有灿烂光华的历史。惜官立的图书馆尽藏之于天府，非帝王，将相，公卿，名儒莫得近其墙垣；即藏之省库者，除清乾隆时的江南三阁外，普通人民亦难得阅览。名门士族，虽贮书满家，除孙毛二氏外，又只供其子孙诵读，而吝于开放。故对于一小部分的文化上的进步，虽不无影响而殊无益于民众的教化界。

第二节　日本图书馆的沿革

日本图书馆的历史，较之我国为短。因为日本古无文字，故无图书。至晋武帝时百济王仁携带《论语》、《千字文》东渡后，他们才识甚么叫做图书。

至于说到他的图书馆，太宝时代以太宝令置图书寮，使图书头司寮务，是为日本有国立图书馆的始。次于平安朝时代设校书殿御书所，一本御书所，内御书所。彼邦有名的《古今集》的选者纪贯之曾为御书所管理员。其后至二条天皇时，又设置官务文库。

私人的图书馆，如光仁朝石土宅嗣的芸亭，是为彼邦最古的图书馆。芸亭的任务，除供阅览外，兼开讲话会。次之，为平安朝管原道真的红梅殿，二条高仓的江家文库。

地方的图书馆，如镰仓时代的金泽文库，足利文库颇有名。德川时代德川将军家的红叶山文库，水户彰考馆文库，浅草文库等，也见知于世。

但是这些图书馆保存的和汉书籍虽多，对于特殊的研究家，固颇给与多大的便宜，惜均不以公开为本位，故其教化的力及于一般民众的影响亦甚微。

及至明治五年，始为民众的阅览，设东京书籍馆于东京汤岛的昌平黉内。十三年改称东京图书馆，移于上野公园内。十八年合并浅草文库后，规模遂日渐扩张。至明治三十年四月，遂改称帝国图书馆，广搜内外的书籍，以至现在。据大正十年三月末的调查，合计藏书三十四万八千零五十二册，亦一堪注目的国立大图书馆云。

第三节　西洋图书馆的沿革

西洋古代文明诸国如亚西尼亚，埃及，希腊，罗马等国，均有图书馆的存在。就中首推亚西尼亚的图书馆为最古，埃及藩王家第一世梭德创立的亚历山大的图书馆为最有名。

距今七十年前，有勒亚得亨利其人者曾一访亚西尼亚的旧教里鲁阿的遗迹，而发掘阿斯尔巴王的宫址，发见数万之砖瓦文书，经斯密斯乔治发明其读方后，因之遂得推知当时的文化。亚西尼亚灭巴比伦尼亚而建国，约在纪元前十三世纪，其极繁昌的时代为纪元前六七〇年合并埃及后。是距今二千五百余年前已有一大图书馆，不期而可以与我国的周的王室文库成为双璧——周设王室文库时，距今亦约在二千五百年以前。

次之，综合古代文化而大成之，以成后世文明的渊丛之希腊，亦有相当之藏书家。就中有皮西士特拉斯者，传谓其公开自己私藏的珍书而捐赠之于市云。但是因其国体所使然，恰如其政治上无一大统一之中心，图书馆界上亦无一著名的中央图书馆。亚里士多得得亚历山大王的援助，搜集诸般的文籍，于学术的研究上，得多大的便宜。此虽可认为当时私有图书馆之代表的，然其藏书的数也不多。唯氏力唱搜集图书的必要，又曾学术的论究图书馆的设备，因而有好影响于图书馆的发达。其后亚历山大图书馆的设立，受氏之赐极大。此为堪特笔之一事。

但是这时代的图书馆，多属帝王所有，呈一宝库然，大多不许公众的阅览。其实行公开的制者惟亚历山大的图书馆而已。

亚历山大之建都，在纪元前三二三年。大王没后，遂成为埃及藩王家的府城。埃及藩王家第一世梭德者，是一好学的国王。他很想把雅典的文明移来他的城下，故以厚礼招聘学者入其国，同时即从亚里士多得的说，从事图书的搜集，计画建设一大图书馆。惜未达其望而没。其子斐拉德尔父斯能绍述其父志，遂完成之。彼时的图书为卷本，其实数计有七十万卷的多。附设有博物馆，以为学者的研究，著作，讨论，演讲的机关。亚历山大能于当时为世界学术的中心，在古代文化史上放灿烂的光辉者，实为这所图书馆是赖。惜后遭大火，遂不能保全其真面目传诸后世。

罗马的初代，本无所谓图书馆。自并吞希腊后，其领土内始发现图书馆的事业。故所谓之集书者，不过一掠夺品而已。纪元前一六七年，胜利者耶米留斯堡尔斯把他移在本国，这就是罗马市有图书馆的始。拉丁文学的黄金时代，随书籍的日益增加，图书馆也多所设立，且亦有公开的。勒罗大火之后维斯巴霞鲁斯帝在平和宫中所设立的图书馆，实为罗马文学的根源。其后对于文学及教育极热心之哈特利亚鲁斯帝及其后的皇帝称此图书馆为"亚匿勒乌斯"，成法学，政治学，哲学等高等学术的研究机关。

中世暗黑时代，僧院图书馆虽亦见兴隆，但阅览者有限制，又因图保存图书的故，其书库严加封锁，致使图书馆的名虽存，其实已亡了。

至入近世初期，王侯的私有文库遂渐兴。就中以霍卡尼亚王设立的科尽成纳图书馆为最著名。其所藏的珍书奇籍约在一万以上。

又自十五世纪前后以来,印刷术既发明,图书的刊行遂易,这自是促进图书馆发达的酵母。于是国立图书馆,大学图书馆遂起而代兴,以至于现在。其中最著名者,如一千三百六十七年创立的法国巴黎的国民图书馆,一千七百五十三年创立的英国的大英博物馆文库,二者的现在藏书均约在三百万册以上。次之,如一千八百一十四年俄国创立的国立公共图书馆,一千八百年美国创立的议院图书馆,一千六百六十一年普国创立的王立图书馆等均系世界著名的现代大图书馆云。

西洋诸国的图书馆的制度及历史上的进步,似较东洋诸国有一定的次序。其古代的图书馆,多属帝王私产,供民众的阅览者,除亚历山大的图书馆外,全未梦想及之。及至中世,读者的范围仍有限制,姑置而不论;因防图书的纷失,致书库一再被封锁,几使书籍与书架至于胶结。十二三世纪而后,虽云至十七世纪止,前弊尚有不能免去者,然一面大学图书馆起而代兴,图书馆甚为发达。

虽然,试以英国的牛津波得勒图书馆为例说,十二三世纪时能利用其藏书者,惟得特别许可证的少数人,贵族院议员的子弟或已专攻哲学八年的学者,一般学生仍无借览的权利。

十四世纪的初,乌斯塔的监督哥布哈母在马利亚教会旁边设一公开图书馆,供大学生阅览,但其监督颇严,书物概用锁锁着,且用人监视之。十七世纪而后,可借给于本科卒业学生,一八二七年扩张而可借给于一般的学生,但时间仍有限制,每周只以一时间为限。

自十九世纪而后,遂急激的进步,以前的国立本位的方针,一变而为州立本位,再变而为市立,村立本位;以前对于使用者加以严格的制限,所谓以保存典籍为本位的,一变而为公开制,再变而为书库公开制。遂开现代世界风行的图书馆教育制度的先导,我国的图书馆教育制度,遂不能不师法于彼邦了。

第三章　图书馆的类别

第一节　总说

图书馆在古时代，以保存典籍为其主要目的，故尚未计及分类。及到近代，因目的的变迁，遂渐次分化。其分类方法，因所取的标准不同而各异。

其一，因应公众的阅览与否，可分为"公开的图书馆"与"非公开的图书馆"二种。"公开的图书馆"，是许民众利用其所藏书籍的：凡国立的图书馆及省立，县立，市立，村立的图书馆均具此种性质。"非公开的图书馆"，是或系特殊团体的公有物，或系私人的独有品，不许民众入览，如古时的秘阁，近代学校的图书馆，官厅的图书馆，兵营的图书馆，监狱的图书馆，病院的图书馆，盲人的图书馆等是。但处此极力提倡教育机会均等的时代，非为万不得已的环境所限制，均宜采公开的制度，如现世的学校图书馆，实行公开的制度者，已屡见不鲜。日本国体为君主，其官民的界限虽甚严，然近来的官厅专用图书馆，亦盛倡于礼拜日开放，许一般民众入览云。

其二,以维持的方法为标准,可分为"公立图书馆"与"私立图书馆"二种。"公立图书馆"多系公开,且不收入馆费,如国立,市立,村立等类图书馆是。"私立图书馆",为私人团体或个人设立,近世以来,颇多公开的。其中有兼含营利目的者,则收入馆费,否则不收费;又或有因地所篇小的关系,稍收入馆费,以示限制的。

其三,有以客体为标准,分为"成人图书馆"与"儿童图书馆"的。"成人图书馆",专供自大人逮至中学少年的利用。"儿童图书馆",专备小学儿童及幼稚园儿童的阅览。但有不称儿童图书馆,而于成人图书馆中附设一室,谓之"儿童室"的。

其四,有以图书馆的空间为标准,而分为"固定图书馆"与"巡回图书馆"的。"巡回图书馆",一名"移动图书馆","巡回文库"者,亦属其一种,他所占的地位,非属一定的,时时移动,巡回不已。"固定图书馆",则有一定的位置,不能移动。

其五,有以阅览的方法为标准,分为"阅览图书馆"与"借出图书馆"的。"阅览图书馆",有阅览室的设备,读者借得图书后,即于馆内阅览。"借出图书馆",则无阅览室的设备,图书馆得依读者的请求,借给其所要的书籍,许其执出馆外阅览。但是也有于一图书馆而施行这两种制度的。例如西洋各国,虽多系分类的设立,而日本则多于阅览图书馆中附设借出部兼行之。

其六,有以藏书的方针上为标准而分为"专门图书馆","普通图书馆"与"国民图书馆"的。"专门图书馆",以搜集高尚专门的图书为主体,以资学术技艺的研究,故有称为高等图书馆的。"国民图书馆",以使民众普通的知识向上,并兼谋及道义心的涵养为目的。由此中再细别之,可分为"通俗图书馆"与狭义的"国民图书馆"二种。前一种,仅设备通俗的图书,且多实行借出制度。后一种,除购置通俗的图书外,兼及于较专门——所谓国民常识科学——的图书;就阅览方法上说,馆内阅览制与馆外借出制,均兼采用。

普通图书馆的界说,本书所规定者与他书大异:是指合以上两种图书馆为一种的大规模的图书馆。这种大图书馆,多设有分馆图书阅览所,图书代借处,及巡回文库等。

分馆者,完全与图书馆相同,其各种的设备,事务的处置,藏书目录等,仍系分馆自主的办理。惟书籍的购买,馆员的养成,目录的编纂,皆绝对的或条件的由总图书馆办理。图书阅览所者,由总图书馆配给一定的图书,遇必要时,可以向总馆请其交换,故又有名曰图书流通处的。图书代借处,是代远路读者借书还书的机关。巡回文库者,是由图书馆将图书若干册装入书函,巡回的输送,托一定的负责者转借给于民众阅览的一种图书馆移动制度。又对分馆等而言时,其总馆特名之曰本馆或中央图书馆。

16

其七,还有一种分类法,他的发生,是在现代,他的分类的标准,仍以阅览方法为对象。就是现世以前的图书馆,无论公开与非公开,读书者多不能入书库自由取书,而必假手于图书馆管理员,这叫他做"闭架式"的图书馆。反之许可读者自由入书库觅书阅览的图书馆,谓之"开架式"的图书馆,又名"书库公开的图书馆"。

但是以上各种分类,是就图书馆的实质上说,至于他的名称上要标明某类字样与否,听主体者的便。

兹因为便于记忆起见,设列一系统表如下:

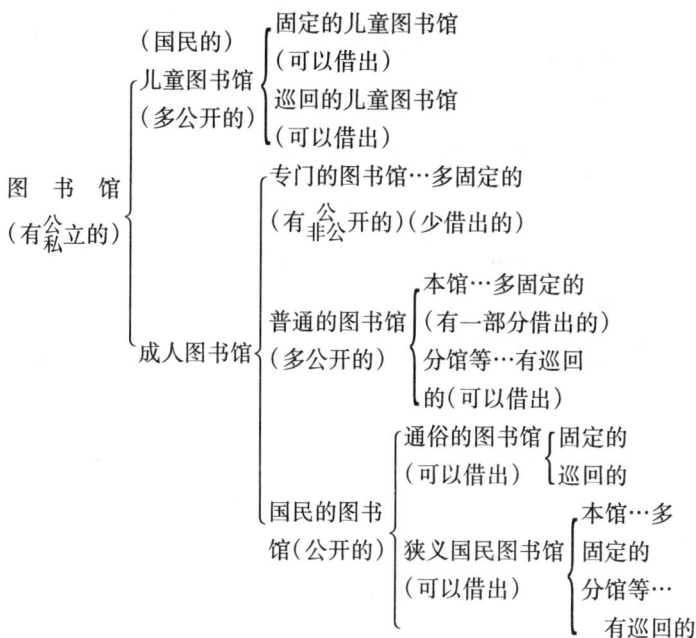

```
图 书 馆
(有公私立的)
├─ 儿童图书馆
│  (国民的)
│  (多公开的)
│     ├─ 固定的儿童图书馆(可以借出)
│     └─ 巡回的儿童图书馆(可以借出)
└─ 成人图书馆
      ├─ 专门的图书馆…多固定的
      │  (有公非公开的)(少借出的)
      ├─ 普通的图书馆
      │  (多公开的)
      │     ├─ 本馆…多固定的(有一部分借出的)
      │     └─ 分馆等…有巡回的(可以借出)
      └─ 国民的图书馆
         (公开的)
            ├─ 通俗的图书馆(可以借出)
            │     ├─ 固定的
            │     └─ 巡回的
            └─ 狭义国民图书馆(可以借出)
                  ├─ 本馆…多固定的
                  └─ 分馆等…有巡回的
```

第二节　国民图书馆

就社会教育上说,图书馆的效果的最著者,当推国民图书馆。故今更专节详述之。

国民图书馆的起源,发轫于美国。因为亚美利加的图书馆,其初已有通俗的倾向,及至有名的图书馆学者德拿氏(Dana, J. C.)出,他盛倡谓图书馆者,非特属于学者所专有,不可不使之成为使增进一般国民智识的机关。又馆员者,非仅使之能明图书的搜集整顿法则为已足,必也兼使之熟察国民一般知德程度的如何? 思考如何? 宜如何然后可以使国民的知德向上? 德拿氏遂本此方针,经营自己主办的纽约克图书馆。厥后此种方针,到处欢迎。美国全国的图书馆中,除国立,州立的外,其他虽大规模的图书馆,无不本此宗旨,不单计及高等的学者及专门家的利益,而兼谋及民众的便利。他方面,政府也如奖励学校然,极力的奖励,使经营这种国民图书馆。近来美国全国,计有此种图书馆数千。英国以一千八百四十八年开设的互林格顿博物馆内的图书馆为嚆矢,计有此类的图书馆一千余所。德国于一千八百五十五年于柏林始设此种的图书馆而后,今日该市的国民图书馆已有二十八所;又于小学校内附设有简易图书馆数十所;新筑的学校,亦为此种图书馆行特别的建筑。因为这种图书馆的目的,已如前节所述,能使民众获得普通的知识,兼谋及道义心的涵养;且可使之自发的得读书的趣味,给与教育的机会于成年者,使其终身得以继续于小学校获得的智识而深造之,藉以发挥其本能。

因上述的理由,国民图书馆,多以公费设立而维持之,使一般民众得自由的利用。

经营国民图书馆者,为达其目的计,书籍的选择,宜斟酌其所在地的一般民众的读书力而决定购备图书程度的高低。无论在如何工商业极发达的都会,其购备的图书,与该地的读书力若不相应,不得谓之办理得策。

次则购买图书时,尚宜应各馆规模的大小而善为斟酌。例如有时以其投以多数的金钱而购买一大部的图书,莫若选买多数价廉而善良的典籍。

第三,国民图书馆宜随所往地方职业的状况,留意于相当书籍的设备,以谋市民的智德得以启发,地方的文化得以发展。

第四,如前节所论,宜设置分馆,图书流通处,图书代借所,办理巡回文库等,一以图民众的便利,一以期其效果的扩张。

第三节　专门图书馆

图书馆中,国民图书馆的重要既如前节所述。然言图书馆教育徒只注意于国民图书馆,仍不失于畸形的发展。因为图国民图书馆的发达,是图书馆的横的发展,不可不有纵的发展以补之。譬之学校教育,国民图书馆为普通教育机关,专门图书馆为高等教育机关,一国文化的进步,人杰的产生,有赖于这专门图书馆不少。

专门图书馆为达前节及前段所述的目的计,可就馆中的经费为范围,搜集一般参考书以外的珍奇高尚的各种参考书籍并及于大部的图书及部分之断简残篇等,以便学者的研究。又宜善考所在地的状况,例如以工业为主的地方,宜多购关于工业的典籍;美术盛的地方,宜多备关于美术的图书。又关于其土地的乡土志料等,亦宜注意。又如有稀奇难得的书籍而知其有补于学者的研究者,宜设法影印或抄录。

专门图书馆所保存的书籍,多为贵重的图籍,故除备有复本的图书外,概可不必实行借出制,而使读者在馆内阅览,因之宜注意于目录的编纂法,设备相当容积的阅览室,善为暖房,照明,通风,采光,换气诸设备。

专门的图书馆中的藏书,多为贵重的书籍,有永久保存的价值者不少,故若书库等宜格外的注意于火灾的防备。又若书籍等,宜加意的留心于蠹鱼的蚀食。

专门的图书馆与国民图书馆的程度固有不同,然因图书馆没有学校那样的严格阶级制度,高等与通俗间无确然的界限,可因土地状况——就中,尤宜注意于经济状况——使稍带国民图书馆的性质,是亦希望教育机会平等的意云耳。

第四节　国立图书馆

什么叫做国立图书馆呢? 由国家用国费设立,用国费维持的图书馆,就叫做国立图书馆。

国立图书馆的目的,是搜集保存本国古今的图书及纪录,兼及有用的外国典籍,以资一国民众学术技艺的研究,与征考前代文化的用。用一句话说完,国立图书馆就是一国文献的中心地。

国立图书馆的系统,若据应民众的阅览与否为标准说,应属于公开的图书馆;若以藏书的范围为对象说,应属于普通的图书馆。故经营国立图书馆者,对于阅览手续上,当加意的研究。如珍奇艰深的书,欧美各国,一面对于阅览者的资格上,有相当的限制;一面对于既许阅览者,必为之力谋其便利——如图书阅览规则极宽大等——盖必如是然后能使学者从事于研究。至于集书方面,无论程度高低的典籍,均得收储保存,就中对于国内出版的书籍，直无选择的必要，近以供现在民众的需求，远以备后世的参考。

此种国立图书馆，世界各国，无不有之，如英吉利的大英博物馆图书馆，法兰西的国民图书馆，美利坚的议院图书馆，德意志的王立图书馆，及东邻日本的帝国图书馆等均是。吾国素号开化最早古邦，然除京师有一半古式的京师图书馆外，无所谓国立图书馆。原来一种事业的兴衰，关系于国家提倡之力者颇大，国立图书馆者，除能收本节第二段所述的效果外，兼可促进全国图书馆事业的进步与发达，故甚望于国人对之加以注意。

经营国立图书馆宜特别注意的地方，因国立图书馆属于普通的图书馆项下，故可参照前二节办理，此地为节省篇幅起见，不再赘述。惟是有一堪特笔的事：就是世界各国的国立图书馆有令凡属国内新刊的书籍捐纳一部或二部入馆的权利。我国教育部于民国五年亦发有此类的明文，兹抄录之如下，以备读者的参考。

＊　＊　＊

查英法各国出版法中，均规定全国出版图书依据出版法报官署立案者，应以一部送赠国立图书馆庋藏。日本自明治八年设立帝国图书馆后，亦采用此制。法良意美，莫尚于兹。京都图书馆正在筹备进行，似可仿行此制。拟请饬下内务部，以后全国出版图书依据出版法报部立案者，均令以一部送京都图书馆庋藏，以重典策，而

光文治。(五年三月八日教育部呈准)

第五节　学校图书馆

学校图书馆,已如前述,为附设于学校的图书馆。学校图书馆必要的理由先可分为两方面说。一方面,为教师常须自修,以期其智德向上,且对于日常的课业,不可不有充分的准备而设。又一方面,是为学生而设。因为学生中,如大学生及实行道尔顿制的学校的学生自不必说,即大学生以下的一般中学生,小学生,于教室内受规定的课业以外,于教室外更有受其他图书裨益的必要。合这两方面的说法,是为学校有附设图书馆的必要的第一理由。其次,无论何人,在学校所学的课业有限;且一与学校相别后,常不免与年俱失。故有就一般民众大学的图书馆补习的必要。于是各校附设图书馆,于教室内置若干的集书,使学生或于校内,或携回家中阅览,以养成其自动读书的习惯。这种训练,实为学校行政上的要图。这是学校图书馆有设立的必要的第二层理由。

因以上所说的理由,美国于一千八百三十五年,即于纽约州设置学校图书馆,以供学生及民众的阅览。一千八百三十八年以后,并年支出五万美金以奖励其设立。法国于一千八百六十三年以教育部令规定各公立学校须设立一学校图书馆。奥国一千八百七十年的小学校令,亦规定各学区宜设教员图书馆，各学校宜设学校图书馆。其他英德各国，也无不奖励图书馆的设立。东邻日本于明治三十二年发布图书馆令，亦使官立公私立各学校附设图书馆，如东京京都两帝国大学及私立早稻田大学庆应大学附设的图书馆，藏书均极富；东京帝国大学的藏书达七十万册以上。我国教育部于民国四年发布图书馆规程，谓公私立各学校得设图书馆以来，如北京清华学校附设图书馆，上海交通大学附设图书馆，北京师范大学附设图书馆，南京东南大学的孟芳图书馆均渐次产生，且其规模亦不小；即僻处万山中的贵州省立第一中学，亦有附设图书馆出现，不可谓我国学校图书馆界上的一好现象。惜内容充实者极少，合全国统计而与他国一较，尤深惭愧。是以中华教育改进社第一次年会图书馆教育组有鉴于此，即提出一呈请教育部推广学校图书馆案。其办法分为二种：一，拟呈请教育部通饬全国国立，公立，私立，大学及高等专门于五年内必须设立图书馆；备置中西应用书籍两万册以上。一面派人视查其设备成绩。此外凡新设立而呈请备案之大学，专门，无相当图书馆者，不予认可。至常年经费及购书费，宜列入大学预算案内。其数目至少须占大学常年经费十分之一。二，中等学校亦宜设备学校图书馆，其书籍至少要在千册以上，经费占百分之五以上。若此案能行，关系于我国图书馆教育前途不小。著者甚望国人起而运动，使教育部的图书馆规程所规定的"得设立图书馆"能改为"必须设立图书馆",则吾国学校图书馆的历史上,遂多加一光彩了!

学校图书馆,因其寄生的学校的程度不同,其办理方法也因之而异。若就初等教育的学校为对象而说,可细别如下表绪类而说明。

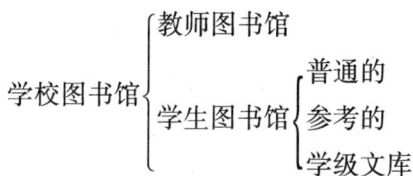

$$
\text{学校图书馆}
\begin{cases}
\text{教师图书馆} \\
\text{学生图书馆}
\begin{cases}
\text{普通的} \\
\text{参考的} \\
\text{学级文库}
\end{cases}
\end{cases}
$$

教师图书馆,设备关于可供一般教师自修及教授上参考的图书,以使其得为教授上的准备及研究兼谋及其识见的发展为目的。

学生图书馆,宜设备如家庭的读物,少年书类等教育上有裨益的图书,使学生于不知不识之间,一面获得教科以外的智识,一面涵养读书的趣味。

学生图书馆中的学级文库者,或称为教室图书馆,就是学校图书馆本馆的分馆。此种文库的办法,于教室内设备开放式的书架,中置数十册——多为五六十册——图书。其图书的编成,因各学级的不同,而其所编的图书各异。故儿童因进级而变更其教室时,得与新奇的书相亲。又同一年级中的学级文库内的图书,若无其他的障碍,亦可分期易以新书,而多给与学生以多少的新知识。这种文库,较之公立图书馆及儿童图书馆能易于供给儿童以必要的书籍,近时颇盛行于欧美诸邦。

至学级文库的使用法,有种种:其一,是实行开架式。无论何时,一经教师许可后,儿童可自取出阅览。其二,可借给与儿童带回家中阅览。第三的方法,教师可时时取出此种图书于教室内朗读而说明之,因而不但能唤起教科上的趣味,且可试验学生的理解力。其四,课以作文,历史,地理等的问题时,即可使之利用作为参考的图书。因有这种种的方法,故设有学级文库的学校,其成绩颇为良好。又今日风靡全球的道尔顿制的教授法,也是含有利用学级文库的道理。

参考的学生图书馆,仅设备对于学校科目有直接关系的图书,并及辞书,事汇等。故严密的说法,此种图书馆,可补教室正式教授上的不足,而为学校设备中不可缺少的。此种的图书馆,教师对于儿童的读物上,宜负监视的责任。不仅单指定宜读某书,有时并宜指定某章或某节,某页,以供其参考。此种制度,看去似乎不免于机械的弊,但遇所学科目过多,或其指定的参考书过多,有节约学生对于学问上努力的必要时,势不可不用此法,以图时间的经济。

中等学校附设的图书馆的设备上应特别注意的地方,一面固不可忘却智的方面的启发,他一面不可不注意于其德性的涵养及体的健康。因为中等学校的学生时代,心身的变化颇大,而图书的良否关系于其身的善恶安否者亦不小，故若选择图书固不可不慎，而教育上尤宜特加研究。

高等教育学校附设的图书馆，虽无若初等教育学校那样的分类，却有本馆与部馆的别。本馆的解释即中央图书馆或总馆的意思；部馆则为各科图书馆，即本馆的分馆，其性质略同于教室文库。譬如大学中的文学部的教育科，则有教育科图书部馆；工学部的采矿科，则有采矿科的图书部馆。也有叫做分馆的。其经营的方法，详述于后分配论中，兹暂不说及。

第六节　儿童图书馆

图书馆属于社会教育事业的一，故对于大人既行完全的设备，对于儿童也非有相当的经营不可。此理显而易见，不待赘释。儿童图书馆发生的原理即基于是。

欧美各国，夙即有见于此，故盛倡设立，而对于其设备及管理诸方法，也不怠的研究。今则公共的大图书馆中，无有不附设儿童图书馆的。其发达的状况，实堪注目。以英国而论，一千八百六十五年巴梗黑德始施设之，近则各地仿效，日渐加多，今则已及百余所。美国于一千八百八十五年纽约之高等小学初等部长哈诺耶女士起而首唱，其秋集二三百册的书籍略成其规模。厥后因种种的事情，其馆地变更数次，有时至暂借哥伦比亚大学的一室以维持其生命。该女士创议后既一年,亚基拉自由图书馆的一分馆遂有儿童图书馆的开设,后改为纽约公共图书馆的一分馆,今仍存之。一八九〇年不尔克林公共图书馆亦设阅览室。自是而后,各地仿行,遂成为公共图书馆中的常见物。一八九七年美国图书馆协会开大会于费府,其中的一议案为评定儿童图书馆与附设儿童室的优劣。其时的图书馆附设有儿童部的施设者不少,可以推知。但各馆的儿童用书,仍不多,不过三百册左右,至多的也不过二万册之谱。每日借出统计为三十五册至六十五册。然至于今日,以纽约公共图书馆为例说,儿童专用书籍达十五万册以上,每日借出统计为三四千册。德国较之英美虽输一筹,近来也渐隆盛。如汉堡,伯林,依耶纳等各都市均有此种的施设,其所施设,如经营有益且有趣味的儿童图书馆,自是不言可知的事件。此外更附营各种谈话会,朗读会,展览会等。主任者,多以特为此种事业而养成之人充之,使为儿童师友,力谋及儿童图书趣味的普及并奖励之。其效果极大。

儿童图书馆的目的,列举之有下的六条:

(一)供给善良有益的读物于儿童,兼防止其阅览有害或不适当的图书。

(二)使得高尚的知识与娱乐。

(三)由幼时即养成其读书的习惯,图谋其图书趣味的涵养,使其他日成人后,有利用图书馆以资自己的修养及智识向上的素养。

（四）免除徘徊于道路中儿童万一的身体上之危险及精神上时所蒙之恶影响。

（五）常供给其可作良师益友及预习上或参考上必要之图书，并指示其价值与利用法，对于儿童于家庭修养上给与不少的利益。

（六）为性爱读书及修学而不幸无学于学校或学于家庭的机会之儿童，给与特殊的便宜。

儿童图书馆经营的方法，除对于儿童给与新清的知识外，同时兼谋涵养其读书的趣味。其最有效力的方法，首推定期或临时的讲话会及展览会。讲话会，可委托堪能斯道的人讲演，或令儿童中有志者开童话会；历史，传记，地理，博物谈。展览会在随时搜集种种的材料，为实物的示教。但宜注意的，图书馆的讲话会及展览会目的，在藉此以保公众与图书馆的联络，因以诱发读者的趣味。故与图书馆没交涉的讲话会，展览会等，不宜取作平常的材料。

关于儿童图书馆的设立，也有极端反对的。其说约可分为三类叙述：

其一说曰：儿童在学校外，宁可奖励其运动。如使之入图书馆，适与此目的相反。

吾人对于这种说者的答曰：凡休养，有身的休养与心的休养。二者宜互相扶助。故一言休养而仅计及于运动及游戏,似不无大误。盖儿童的休养自与大人异,因有重视体的休养的必要。然非足以证明心的休养为无用。又儿童的读书,无论在家庭,无论在图书馆,于父母或指导者指挥之下,因有限制其时间的必要,以防止其疲劳。但因儿童的活动力极旺盛,好动,喜变化,据经验上得来的结果,至多能达吾人所望的一时间或二时间即舍而外出,实际上无终日埋头读书之虞。又现今儿童图书馆的设备,不完不备的点尚多,因而自难劝教育上设备完全的家庭的儿童入馆读书。但吾人对于此少数的儿童,并未云强迫之入馆——是原说不能成立。

第二说曰:儿童图书馆,可使儿童耽读探险小说及童话等书,因而至于不喜读正常的典籍,又渐使之流于空想。

吾人对于此说的辩明曰:人生有种种的时期,有种种的世界,吾人不可不就各时代而供给其时代必要的知识。那末,儿童期最必要的要件是什么呢? 使其潜在的极旺盛的创造力及想像力发挥就是的。从这里说来,这种的童话,探险谭,实为必要。又关于这类的图书中,固有不少的恶物,但图书馆于选择时,可以设法救济这弊病。一方因学校中的教科书实难满足此种的理想,故认定儿童图书馆有积极提倡的必要——是第二之反对论,亦非合理。

第三说曰:使儿童自由读书,易使儿童养成滥读的习惯。

　　吾人又应之曰：就滥读而论，馆中有严密的借书方法，以救济之，自可无忧虑。但苟认使儿童自由阅览为滥读，似属谬见。何以呢？自由阅览的界说，是说适合于儿童的趣味性而使之选择的意思。又纵令有多少的滥读，宜知图方馆与学校不同，不宜强之以穷屈，兼宜顾及其娱乐，使儿童触机而发挥其固有的潜在性。是此说又等于杞忧。

　　以上诸反对说既不能成立，反之，儿童图书馆之设立为正当。要之，若欲议论，天下事事物物，无一非可议论的材料。世每有未进儿童图书馆的门一步，也大发空论而非之者，结局其所虑者决不能真确而成为儿童图书馆的障碍物。故对于某事物怀疑而研究，诚属应当的动作，但必对于某事物能充分的了解后，然后可以发轫。反之，儿童图书馆果能贻害于儿童与否，尚望从事于儿童图书馆事业者，加以几分的研钻。

第七节　开架式的图书馆

　　如前西洋图书馆的沿革一节所述，十九世纪以前的图书馆多为国王，贵族，教会，学校的所特有，读者的范围，设有限制。纵如美利坚那样的自由国，其初出现的图书馆，依然不能离去旧风。十九世纪而后，图书馆界的思想遂急激的进步,其结果遂使开架图书馆出现。

　　开架图书馆的滥觞,始于美国。先是一八七七年十月二日至五日四日间英国伦敦开图书馆大会,美国有名之图书馆学者出席而提出图书馆须实行开架式之议案。卒因只有少数人赞成而遭否决。一八七九年美国的波塔克特无料图书馆成立,即开开架式的端绪。一八八八年美国图书馆协会总会又提出图书馆须实行开架式的议案,其结果只主张一部分开放而谓全部开放为不可能。但是有名勒尔耸女士者因基数年间的经验,而谓全部实行开架式为可能。一八九〇年,《开架论集》出版,其寄稿者中,实行全开架者似无一人,为之辩护者,也似无一人。殊知被掷去的酵母,已于隐密之间活动。一八九一年费肯耸氏遂出而高唱将来的图书馆宜实行开架式。当是之时克里弗兰得公共图书馆已实行相当大规模的开架制度。与此相前后,密勒亚波里斯也试行开架式。同年桑港开图书馆大会遂有开架式的图书馆能使图书的利用率增高,因而图书馆的成绩优良,开架的思潮,到底实难拒绝的报告。于是开架式的制度遂渐次被实行。一八九五年费府图书馆成立,开馆之初,即决行全开架式。此举颇给与美国图书馆界一大刺戟。于是不出数年而开架式的制度风靡全美洲了。现在除藏书非常的多的最大图书馆因建筑物上的关系其组织不能变更者外,可说悉采了开架式。又即其组织难于变更的最大图书馆,亦备有数千册的书物于自由书架,以供读者的自由翻阅。

原来闭架式的图书馆,读者入图书馆后,须先求阅览票,次翻检目录,寻所要的书名及其要件如号码等。次照记之于阅览票。又次则将填好的阅览票交给于管理人。待至数分乃至数十分钟后,始得书籍到手。然有时一观其书籍的内容与预期的内容大异,则将返还而另求阅览票,复施行前述的手续,别寻他书。甚而有时屡次失望,以致虚度光阴,一无所获而去馆者,著者曾是过来人,敢说屡见不鲜。此为促开架式的图书馆发生的一大原因。

开架式的图书馆,如上所说种种烦琐的手续全废,别设书架指导图,使登馆者直接入书库,按其指导图至与所希望的某类书架相近,就其架上检求所要的书籍,自为取出,一查其内容适用后,即携至阅览桌上而阅览。阅毕后,即在桌上取一阅览票将姓名,书名记入,一并还付于图书馆管理人,一以备图书馆的统计,一以免排列上的错误。

开架的利益,极为明了,故不再赘述。但实施时,屡起二层的非难:其一,为管理上的困难;又其一,为虑图书之易于纷失。

虽然,第一的难点,试一考图书馆存立之意义,已不成问题。因为其所以以极大的费用而设立与维持图书馆者果何故?盖所以图民众的便利。既为图民众的便利计,虽管理手续较繁,理不宜辞。况所谓管理的困难,多属理想的,日本东京的京桥图书馆亦采用开架式,著者曾往参观而询其馆长管理果困难与否,彼谓较之闭架式反较为容易云。

第二的难点,固为易有必有的事实,但非开架式之不可行,乃开架式的图书馆的管理法上未精加研究之所致。依大英博物馆图书馆中的马克华仑氏的调查,行开架式而纷失最多者,莫若波士顿的少年图书馆。五千册的藏书中,一年间纷失至数百册以上,而六人的少年被拘询。但彼谓乃该馆经营不得法的故,苟稍加注意,决不至纷失至如是之多。罗得女士以美国许多都市之图书馆的成绩为基础而作统计,以报告之于一九〇八年的图书馆大会。据该统计所载,一年间对于一万册纷失之数如下表:

都市之人口	开架式	闭架式
30 万以上	7—39	1—9
10 万以上	8—42	2—52
25000 以上	6—48	5
25000 以下	2—9	未详

是有时反较闭架数减少。密勒亚波里斯的图书馆,也是实行开架式。其一年间仅纷失图书三册和七册杂志被裁去了数页,不费许多的金钱就补完了。英国开架式的图书馆,管理方法较为严密,简直没有纷失的弊病;即最大的图书馆,一年中也不过纷失二三册。若旅行指南等书,一时虽觉失去,旋又发现于原处了。日本人以前亦顾虑

及此而极力反对此种制度的施设。最近帝国大学的部馆采用之于先,东京市立京桥图书馆采用之于后,不但无纷失的弊,其结果甚佳,可见只要经营得法,无弊不可以挽救。况且即令易于纷失,只要能使人群的智慧发展,得实可以偿失。退一步说,假若遇藏有极珍贵的书籍,或因建筑构造上的关系,不能实行全部开架时,可实行一部分的开架式。如伦敦的大英博物馆阅览室的周围,常陈列约二万之图书供读者的自由阅览。巴黎的国立图书馆,亦有一万二千的图书,实行书库公开。

第四章 现世的图书馆

第一节 现世图书馆的特征

古代的图书馆与现世的图书馆其名虽然无异，其实则大有不同。古代的图书馆，以死藏古书为主，不图有用书籍的增加；使老朽闲人负保管的责任，仅许所谓名士的翻阅，不遍容民众的入览。反之，现世的图书馆，则广搜集有用的图书，秩序的陈列，编纂最便利翻寻的目录，普供世人的阅览；使社会的民众，人人能得利用，馆中的图书，一册不至于虚置。要之，以谋结合读者与书籍为图书馆唯一的理想。杜威氏说："古代的图书馆，譬之如贮水池，是一种死物；现世的图书馆，譬之如喷水，其集书能循环的活用，流动不止。"兹更列举其特征如下：

一. 机会的均等　现世的图书馆，多以公立为本位，其费用概由公家设法筹出供给，对于阅者概不收费。故无论贵贱贫富，只要有阅书的能力，无不能到图书馆阅书的。

二. 阅览者范围的扩大　现世的图书馆，为阅览者的设想，无所不至。不但使昔日所谓的寒士能利用图书馆，即农工商兵亦求其能利用图书馆。图书馆的赠入图书时，毫无重彼轻此的弊病。例如实业辞书，统计年鉴，商事年鉴，计算表，外国通货度量衡表，广告，帐场的管理，关于各种商品的书籍，领事馆报告，通商局出版物，商业会议所报告，轮船火车交通图，轮船火车开发时间表，轮船火车座位价目表，各种通商公文，最新的旅行指南等书无不具备。又如美国的纽约克公共图书馆更设实业部，以专门人材兼通图书馆学者司其事，以作业商工农者的良师顾问所。其他不但只图谋大人的便利，且谋及儿童的便利而设儿童图书专馆；或于各图书馆中设有儿童阅览室，专供儿童利用。且为此而养成专门人材以指导儿童阅书的方法，应儿童的质问，又用种种的谈话以使儿童读书的趣味增加。从以上所说的看来，图书馆阅览者范围的扩张，非仅纵的扩张，也非只横的扩张，乃体的扩张，而成为现世图书馆特征中的最要者。

三. 书库的公开　从来的图书馆，其书库多系闭锁。如前所述，现世的图书馆则实行开架式，开放书库，任人自由阅览，免了许多的麻烦手续，少虚度了若干的时间，便利阅者不小。

四. 实施借出制　吾人借书攻读的事实及必要，已为读者之所熟知，故不再赘述。现世的图书馆，除一部分的珍奇难购的书籍外，均可借出。对于阅览者既占了若干的便宜,复能补助家庭的教化。

五. 实施分馆制 为使图书馆效用的增加及便利阅览者起见,现世的图书馆于本馆外,别设分馆:图书流通处,图书代借处;办理巡回文库等。于是距图书馆较远的民众和不能离家庭的老年人,产妇等,也得沾图书馆的恩惠了。

六. 应民众的质问 现世的图书馆中设备有指导者。若民众欲阅关于某事件的参考书而不知其书名时,得质问其指导者而得完满的答复。又若遇于难解的难题,可索取图书馆中所备的质疑笺记入而质问之,只要是可解的问题,于一定的期间后,必可得圆满的回复。故现代的图书馆,可说是理想的良师顾问所。

七. 容纳民众的意见 现世的图书馆,多设民众意见受纳箱,如希望阅某新刊图书而馆中尚未购置及馆内种种应该改良之点,民众均可投书入内。一经图书馆员内公平的审查后,苟在乎情理中的意见而该馆能力能及时,必有以副投书者的希望。

八. 图书馆与学校的联络 注入式的教授既倒,自学自习制的教授法代兴。故学生的智识的高下,不仅恃教室上的听授课程为已足。于是参考书的设备,实为现今办学者宜注意的事。现世的图书馆有鉴及此,极力的设法购备适于附近各学校教员学生应用最良的参考书。或常派员到学校访问,希望其师生来馆利用其书籍;或招学校的教授者来馆相商,征求其所希望书籍的意见以备选购书籍上的参考;或请求学校率领学生来馆参观,并恳请其为学生说明图书馆的利用法,图书阅览法;甚或许其借出阅览。此制一行,图书馆所收的效率和学校经费上,受了不少互助的利益。

九. 实施图书馆中心的社会教育　　现世的图书馆,除尽力于其本身的教育外,兼致力于社会教育,如经营讲演会,展览会,办理夏季学校,实施大人教育等。

十. 由各方面图阅览者的便利　　如设备食堂,化妆室,夏季森林阅览室;附设文具店,预备雨伞等类。

第二节　西洋诸国图书馆的现况

第一. 美国

世界上图书馆最发达的国家,首推美国。据最近统计,图书馆巡回文库之总数达一万八千以上,其藏书数约八千万册,每年的经费就公立者而论,约二千二百五十万元。而美国内二千九百六十四郡中之百分之二十七即七百九十四郡最少有一藏书五千册以上之图书馆,其全额达千六百五十万美金。又公费经营藏书一千册以上的图书馆约八千多馆。百万册以上的大图书馆,二馆;五十万册至百万册的大图书馆,四馆;四十万册至五十万册的大图书馆,三馆;三十万册至四十万册者,五馆;二十万册至三十万册者,十六馆;十万册至二十万册者,四十三馆。共计有大图书馆七十三馆,占世界的第一位。

国立图书馆为议会图书馆,在华盛顿。有能藏七百万册的藏书室和能容一千人的阅览室,藏书一七九四〇〇〇册,每年费用约一百二十余万元,采开架式,规模的宏大,占世界第四位。

其下有州立图书馆,郡立图书馆,公共图书馆——市村立——。州立图书馆设在州厅所在地方,对于州内图书馆事业,有指导,视察,组织及贷借图书的责任。凡绝版稀觏,州内图书馆不能购置的图书,州立图书馆可以贷借。

州立图书馆中的代表者,当推纽约克州立图书馆。该馆在俄尔巴勒市,阅览室分法律,医学,立法,公文,杂志及中央阅览室六部。中央阅览室陈列图书二万五千余册,均属公开的。中央书库藏书约二百万册;法律立法阅览室及杂志阅览室中间,有特别书库藏书约三十万册。又有巡回文库及盲人文库,藏书约十万册。此外并附设图书馆学校,以图州内图书馆事业的发展。

第二. 德国

德国图书馆事业最盛,在世界占第二位。共计有大图书馆六十八所:计藏书十万册至二十万册的图书馆,二

40

十六馆;二十万册至三十万册者,二十二馆;三十万册至四十万册者,九馆;四十万册至五十万册者,二馆;五十万册至百万册者,七馆;百万册以上者,二馆。

邦立图书馆,二十六联邦内都有,以普鲁士王立图书馆为代表。该馆设在柏林大学附近,建筑极为庄严。藏书一四〇〇〇〇册,年需经费三十七万元,规模的宏大,占世界第五位。

其下有国民图书馆与学校图书馆二种。国民图书馆中,可以柏林市图书馆为模范,有阅览所十二,藏书约十六七万册,每年经费约二十一二万马克,每年阅览人数约二十万。学校图书馆,有大学附设的,有中小学附设的。大学附设图书馆,在欧洲各国中德国占第一位。全国大学图书馆计约二十所。藏书总计约达六百万。多实行公开制。

第三. 法国

法国的大图书馆计四十二所:计藏书十万册至二十万册者,二十二馆;二十万册至三十万册者,十二馆;三十万册至四十万册者,二馆;四十万册至五十万册者,二馆;五十万册至百万册者,三馆;百万册以上者一馆。占世界第三位。

法国图书馆之最高者,为公立图书馆,巴黎市计有十五处,以国民图书馆为最著名,藏书三五〇〇〇〇册,为世界第二大图书馆。

其下有市立图书馆三百八十余处,藏书约百五十万册。其次有通俗图书馆二千九百八十三所,藏书八九一七六三册。以巴黎市而论,共计八十二处,共藏书四十七万五千三百四十六册,多附设在区行政所和区议事堂及其他公立小学校内。

其他法国学校图书馆颇堪注意,其附设于小学校内的,据最近统计约一万五千六百余处,藏书约一百四十七万一千多册,实行公开的制度。

第四. 意大利

意大利图书馆的公共图书馆与学校图书馆,由教育总长直辖之。此外还有小图书馆。其大图书馆计三十五所:计藏书十万册至二十万册者,十八馆;二十万册至三十万册者,九所;三十万册至四十万册者,四馆;四十万册至五十万册者,三所;五十万册至百万册者,一馆。占世界第四位。

国立公共图书馆有三十二处,以费地坎那图书馆与克森拉塔图书馆为最有名。费地坎那图书馆的规模较大,历史亦较久,在五六世纪时,就已著名。克森拉塔图书馆藏书较多,计印刷图书约一百三十万册,抄本约二万五千册,且抄本中存有六七各世纪的物云。

第五.英吉利

英国图书馆发达较早,尤以公立的为最盛。在一九〇二年,已有一千三百四十一馆,藏书一千八百四十七万部,近年以来,日形发达,当不止此。就中尤以伦敦市为最著,计有公立图书馆八十一处,藏书统计为六百五十二万八千部。

英国最大的图书馆,计藏书十万册至二十万册的,十七馆;二十万册至三十万册的,七馆;三十万册至四十万册的,二馆;四十万册至五十万册的,一馆;五十万册至百万册的,二馆。共计二十九馆,占世界第五位。

英国的国立图书馆为伦敦之大英博物馆图书馆。藏书约四〇〇〇〇〇〇册,为世界最大图书馆中之魁。

英国的图书馆中最可注目的为通俗图书馆的发达。其原因由于经费的关系。经费之由来,系抽收图书馆税,纳税十元以上的,附收图书馆税约一便士云。其次英国有许多的纪念图书馆,且多不受公费的补助。又英国的图书馆中藏书多抄本,此亦为堪特笔之一事。

第六.俄罗斯

俄罗斯的图书馆总数,欧战以前,有大学图书馆和通俗图书馆一百四十五所。至小图书馆的统计,无相当的典籍可考,未能详知。他的大图书馆,藏书十万册至二十万册者,四馆;二十万册至三十万册者,六馆;三十万册至四十万册者,一馆;四十万册至五十万册者,一馆;五十万册至百万册者,二馆;百万册以上者一馆。共计十五馆,占全世界第六位。

俄国的国立图书馆为帝国图书馆,设立于圣彼得堡,由教育部长直辖之。计藏书约一八八二〇〇册,内藏文学,史学,神学书籍最多,神学书籍占全部四分之一。常年经费约八万四千卢布。为世界第三最大图书馆。

第七. 奥国

奥国有图书馆五百七十七处:内中有四十五处是公立的,其余的为私立或宗教等团体设立。维也纳一市,约有一百余所。

奥国最大的图书馆,藏书自十万册至二十万册者与自十万册至三十万册者各二馆;自四十万册至五十万册,自五十万册至百万册,及百万册以上者各一馆。共计八馆,占全世界第七位。

奥国的国立图书馆为帝国图书馆,在维也纳。他藏有图书约一百万,为全世界第七最大图书馆。

第八. 瑞士

瑞士的图书馆很多,总计有二千余所,内中有五分之四属于通俗的。大图书馆,计藏书十万册至二十万册者,四馆;自二十万册至三十万册者,二馆;自三十万册至四十万册者,一馆。合计七馆,占全世界第八位。藏书最多的图书馆为推巴斯大学图书馆。

第三节　日本图书馆的现况

日本图书馆事业的发达虽不及美国德国,然实可以与瑞士相伯仲,若以我国与之相较,殊深惭愧。据民国十年三月末的调查,日本全国共计公立图书馆九百四十三所,私立图书馆六百九十八所,合计一千六百四十所。其藏书册数:公立者,计二五六四二一七册;私立者,一八六四八六一册。合计四四二九〇七八册。其阅览人数:公立的,计七七三六六四三人:私立的,二九一八四一〇人。合计一〇六五五〇五三人。其常年经费:公立的,七一七〇四四元;私立的,二三四九七七元。合计九五二〇二一元。然国立之帝国图书馆的统计均未计入。

日本的图书馆事业中,巡回文库也颇发达。计全国有公立巡回文库三百四十七处,私立的一千三百三十四处,合计一千六百八十一处。藏书共计九十四万七千一百七十二册。常年经费,共计一十一万一千九百八十元。

合上二者而计之,日本共有图书馆及巡回文库三千三百二十二处。藏书约五百七十二万。阅览人数约一千九百万。常年经费约一百十四万六千元。人口一千人中的阅览人员为一九〇·三,藏书册数为七九·一。

首都东京共有公立图书馆二十二所,私立者三所。

内中市立者计二十所。以日比谷图书馆为最大,其民国十一年的统计,计藏日汉文书七〇九四二册,洋书六二八七册,而儿童阅读图书及新闻杂志尚未算入。

其全国中图书馆事业最发达之区首推山口县。其次为新泻与宫城二县。再其次为德岛,香川,山形,秋田等县。

日本的国立图书馆,为东京帝国图书馆,其拟建筑的规模颇大,现只落成其左侧面,故不觉十分的庄严。其藏书亦不甚多,据民国十年三月的调查,为三四八〇五二册。常年经费约八万二千三百四十元。

日本的大图书馆共计七处:计藏书十万册至二十万册者,三馆;自二十万册至三十万册者,二馆;自三十万册至四十万册与自四十万册至五十万册者,各一馆;自五十万册至百万册者,一馆。其藏书最多者,首推东京帝国大学图书馆,其次为内阁文库。

日本近来对于图书馆事业,提倡甚力。一面从事扩张,一面培养人材,发刊关于图书馆的书籍及小册子等。著者所居的名古屋的市立图书馆,于民国十一年不过一极小的通俗图书馆,至民国十二年已面目焕然一新,成为内容最充实的国民图书馆了。

第四节　我国图书馆的现况

我们要研究我国图书馆的现况,第一就不可不先研究他的统计。却是欲得全国图书馆统计的确数,真难极了。因为著者对于图书馆事业,素常虽极为注意,然费尽若干之力,始得了两本图书可供研究我国全国图书馆统计的参考。一部就是教育部编的《教育行政纪要》,一部就是北京法政专门学校编的《全国图书馆调查表》。最新的《教育行政纪要》,只出到第二辑,其中所纪载各项事实,系截至民国七年止。所载全国图书馆的统计:计京师四馆;外公众阅书报处一处;各省共计有省立图书馆二十四馆,县立图书馆一百五十二馆,通俗图书馆二百八十五馆,巡回文库二百五十九处。合中央各省而计,共计四百六十六馆。巡回文库二百五十九处。而北京法政专门学校的调查系截止于民国十年,其统计总数,只一百一十九馆,而内中的若干学校图书馆,尚为教育部调查表中所未列入者。原来以一学校之力出而调查,固不无漏落,而我国官厅办事,事事敷衍,故实果有四百六十六馆与否,著者未敢劝诸君信之以为真。即认四百六十六馆为确数,再加上未列入的若干学校图书馆,充其量不过五百馆,不但不能与欧美诸国较,即与日本较,亦不及其三分之一。以所谓地大物博开化最早文籍最多的国家,而图书馆的统计尚不及一开化最迟无创造文明的区区三岛的日本，可耻孰甚！

兼之，我国图书馆中，名为通俗图书馆者，固不论，即名县立省立的图书馆，亦多通俗性质，仅备杂志几种，小说数部，报纸几份，即以图书馆呼之。次之常年经费亦少，除开支馆员薪俸及一切杂用外，所剩以购办书报者，不过数十份之一至十分之一；甚有开幕以前购置图书若干，至开馆以后，无论三年五载，再不增加书籍者。又次之，我国图书馆，多因陋就简，其中一切设备及房屋建筑总不讲求。其他若采光，换气，照明，通风等，更无论了。甚至灰尘满案，有碍卫生，目录错乱，检阅甚难，阻人兴会，丧人心志；且馆员疏慢成性，对于阅览者，不但不能殷勤招待，以图馆务之发展，而若恐其去之不速，以便早入睡乡，故人多过门而不入者。再次之，我国图书馆中藏书，多只搜集若历代《艺文志》及四库等古书，并不兼注意于现时及环境所合用之书。流弊既深，图书馆事业之发达自难，负改造的责任，全恃教育者与全国民众的努力。

其次欲说及我国的国立图书馆，著者颇难下笔。欲云无之，而京师图书馆的性质又甚相符。但一考其内容，其藏书虽有善本二一三九八册又十七件，四库全书三六二七五册，普通书九〇一三八五册，图一三二张，丛书六〇〇〇册，唐人写经八六〇〇卷，而其地址极狭隘，极偏僻，规模亦不大，当年经费只二万八千八百元，分类法全不讲究,无目录的设备。一言以蔽之,实不宜再使之生存于今世,而当速求有以改造之。据民国七年教育部的报告,一年间的阅览统计为二千一百六十六人,每月平均只一百八十人有奇,每日不过六人;即最近的调查,每日也不过二十人。唉!这岂不可笑可悲,为我国国立图书馆可哭吗?

又其次我国图书馆之办理得法者,当求之于大学附设图书馆中。详细的说,首推北京清华学校附设图书馆。该馆于民国五年动工,于一九一九年告成,馆中书库,概用铁制,墙壁砌以大理石,地板敷以软木片,计费建筑费约二十五万元。至馆中布置及管理,悉用专门学者充之,自编有新旧书籍分类法。其他若北京大学图书馆,北京高师图书馆,天津南开学校图书馆,上海交通大学图书馆等等,规模亦堪称略备。东南大学的孟芳图书馆,其拟建规模不小,且闻其书库拟采用地下室制,以防火险,现正在兴筑尚未落成。公共图书馆中,若浙江的省立图书馆藏书既富,办理亦称得法,惜地位于西湖中,交通不便,故其效用不广。又若无锡县立图书馆及南通的图书馆,均负声誉。

全国中图书馆事业较为发达的地方当推江苏与山西。江苏的无锡县,对于社会教育,甚为注意,故其图书馆事业极为发达。广东自粤人治粤而后,司政者,重措意于教育,司教育者重措意于图书馆,于是教育委员会中有图书事务委员之设,以图书馆教育而与学校教育,社会教育相并重首即拟订扩张全省学校图书馆计划书,使有成竹在胸,易历阶升堂。谓旧式图书馆之不合,而欲为学校图书馆以示范,爰即设立教育委员会图书馆,以新法之管理,著其教育的功效。恐图书馆之选择书籍不得其法,爰即设立图书审查会。虑图书馆之管理人材缺乏,爰即创办图书馆管理员养成所。复以图书馆学之问题既多,图书馆界之声气难通,爰又组织图书馆研究会。其对于图书馆教育计划的精密,殊堪特笔。闻以上种种计划,业已力行,更拟组织图书馆教育科,建筑宏大的模范图书馆,速谋图书馆教育的普及,而令各校教授图书馆科目及编印关于图书馆科学的小册子广为传布。是未来的发达,可计日而待。巡回文库最发达的地方,首推奉天省。据教育部七年的调查,已达二百二十九处云。

第五章　图书馆的必要

图书馆的必要,由以前各章中,已可看出其大概。兹为促进图书馆的发达起见,更设此章而系统的论之。

我们要说图书馆的必要,可从两方面下笔:一是以图书馆为体的说法,又其一是以图书馆为用的说法。

原来图书的必要,已不待著者的赘言。那末,图书的集团的必要,一即图书馆的必要,其理由显而易见。明明的说出:即图书馆者,可以启发人类的智识,涵养人类的德性,促进一国的文化,图社会人群的进步。吾人一登馆内,可知古今英雄豪杰的功业,可闻中外硕学大家的高论,远寻前贤的事迹,坐观异域的风物,于不知不识间,能使精神被其修养,识见被其扩张,品性因以高尚,才能赖以增加。自教自学的良机关,真惟图书馆是赖。这是以图书馆为体的说法。

今日的学校教育,尚未能言机会业已均等,故富家子弟或中等人家的儿童,虽可蒙学校教育的恩惠,贫家子弟实受不着学校教育之德泽。图书馆教育,既不征收学费,复不购备书籍,故无论何人,苟有志于学,均可入馆读书,均可登馆求学,以遂其志。世界各国,毕业义务教育而能入上级学校者,均不过全国人口中的几成,例如日本约有十分的七八未能升学。那末,图书馆的必要,已为不可讳的事实。

退一步说,即令将来的学校教育已实行机会均等的制度,则全国国民均可得享自小学而大学的学校教育的恩泽,然在学校的时期有限,一旦期间满后,势不能不与学校相别离。但是合小学而大学在学的期间而论,实属有限的岁月。以有限的岁月而应酬世上无穷的事理,致易蹈于不学无术的讥。那末,有待于图书而自修自学也,彰彰明甚。然而判断某书也良,某书也劣,不知要费若干的光阴与苦心。矧其能出资而购书以应其书欲者,世上果有几人?这是图书馆有必要的又一理由。

且教育机会虽已均等,因种种的关系,不能断言无独修之士,其他欲保存古代的文献而继续之与传授现代的文化于后世,图书馆亦为不可少的教化机关。这是以图书馆为用的说法。

吾国未入小学校的以及学龄的儿童,不知有多少!其已入小学而中途废学者,以及幼年失学的成人,又不知有若干!由他一方面说,吾国为世界最古国之一,文化的发达最早。故所谓博学宏儒的卓说名论,真堪夸东西!是则图教化的普及,实为当今的急务;留意文献的保存,亦系虽百世而不可忽的要政。然则图书馆的提倡改良与发达三者,岂非教育行政上的要务呢! 著者甚盼全国教育者与国民速起而提倡,促他改良,使他发达,幸勿只顾及学校教育一方面而谓已尽教育的责了!

第六章　图书馆的效果

现代美国图书馆界名家德拿氏,其著《图书馆管理法》初版中曾举图书馆对于社会有六种的利益。兹抄译其大意如下:

一. 图书馆对于世人能给与慰安之图。

因为社会上许多的人,终日惟忙于业务,其生体甚为苦恼。苟能得丝毫的余暇,一读小说,则当时的烦闷,忽即云散烟消,暂得若重临仙境,以慰安于心身。然能使此慰安的读书标准向上,望其舍弃其恶劣的小说而读健全高尚的图书,全惟图书馆是赖。

二. 图书馆搜集有文学技艺及其他百般图书,可资各种研究者,实务家的独学自修,藉以完成其业务。

三. 世上每有关于政治上及经济上的诸问题发生,以致成为当时的论争或舆论上的焦点。当是之时,图书馆可搜集关于此项事件的专门大家的思想之书籍,介绍其学说于民众,以为政治的教育,或社会的教化。换一句话说,图书馆可为市民的训练所。

四.图书馆不但仅足为知识的仓库,且可为修养的场所,涵养其阅读可资陶冶品行的图书。

五.图书馆的管理若得其宜,可以成为与有害无益的酒肆茶楼的对抗场,而招诱欲到彼地喝酒饮茶的闲人来此读书。就中尤有利于性爱读书修学而家庭学校不能给以最好机会的儿童与青年不小。

六.图书馆常成为学校的补助品。详细的说,图书馆能供给必要的图书,并示其价值及使用方法,因而得给以家庭修练者的便利,成就读书团体之计划,且对于讲演会讲师,能示以关于与演题有关系的参考书目,尤与讲师以多大的便宜。盖图书馆与大学扩张事业——如夏令大学——既联为一气,大学则负讲演的责任,图书馆则供给参考书籍,市民可得一理想的民众大学了。

以上系德拿氏列举的效果,著者再试以一表表示其全体的效果,以作本著本编的终结。

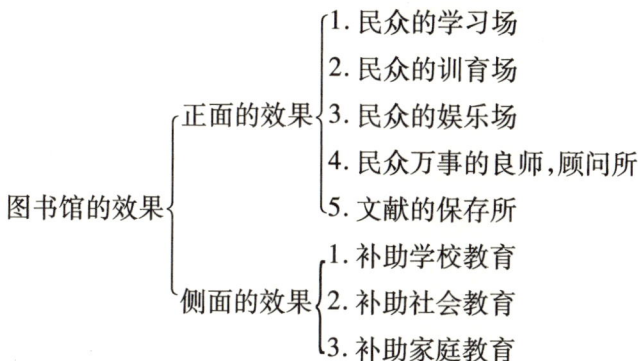

图书馆的效果

正面的效果
1.民众的学习场
2.民众的训育场
3.民众的娱乐场
4.民众万事的良师,顾问所
5.文献的保存所

侧面的效果
1.补助学校教育
2.补助社会教育
3.补助家庭教育

图书馆学 ABC

沈学植 著

本书初版于 1928 年 6 月，据 ABC 丛书社
1929 年 3 月再版排印

序　言

　　十七年五月全国教育会议有设立中央图书馆，领导全国图书馆事业的决议。我在病，忙，苦闷中，也感到异常的欣喜。鼓起疲倦的情绪，写就这册薄薄的小书，追随图书馆专家之后，为这样重大事业，做一个急先锋，给大家宣传上添点些微的材料。我在整个计划上，也曾画出几条粗大的界线，凡希望人人皆得有书可读的同志们，都得站在这整个的队伍里，做一番斩荆拔棘的工作。关于专门技术的几章，我又似吃了虎胆，斩钉截铁的立下几条定律——也许是我的错误——请同行中各位来共同订正取舍的标准。

　　这书虽是匆匆写成，也曾费过一番思索，可算是我图书馆服务十年的招状。并承复旦大学图书馆的同事蒋百冈先生校阅原稿，特此致谢。

十七年六月十日自识

目　　次

第一章　现在需要哪种图书馆？

先前没有图书馆这个名目。藏书的地方,不是叫什么楼,就是叫什么阁。这些楼阁的处所,彷佛只是收集图书,珍而藏之罢了。此外它的职务,便是编辑一部附着考证版本的目录而已。后来各省在省会的地方,开办一座公有,或是省有的图书馆,礼聘一位名流或是告老休养的官吏充当馆长。它们的事业,无非是典藏编目。说到民众的需要,开放的方法,当然不是名流式馆长们所能,与所愿顾及的了。学校里图书馆或阅书室的情形,比较上就好得多;尤其是几个有点成绩的大学。所谓图书馆学专家,或是对于这门工作富有热情的同志们,大都是在这些大学图书馆里充当苦役。然而学校当局轻视图书馆,依然是普通得很。图书馆职员的薪俸,就比不上同一校里的教师。经费方面也还是计较斤两。可是大学校图书馆,在国内图书馆界中,总算是能粗具规模。管理和设备上也还有点式样。它们的图书当然是按照课程支配。可是购书经费总不充足。果真去搜集材料从事于研究,还

1

是感到图书不够用。这在欧美,自然可以向左近公立图书馆里去补充。在我们国内就谈不到此。

民众读书能力的培养,现在还少有人念及。就有人感到重要,也是心有余而力不足,依旧是空中楼阁。省立公立的图书馆里,珍藏了那些经史子集丛书巨帙。叫粗识之无的民众哪里敢去?何况进去一趟,要数十文的买进钱呢。

中小学校的学生平日读来读去,总归不出那几册课本。中小学校的课后假日,对不住,学生都跑光了。教员除上课教书而外,对于学生课余生活确实有难言之隐。中小学校图书馆不能如学生们的希冀,谁也不能否认。学生们果真不愿读书么?哪一个中小学里的宿舍,没有数十册关于"性史"一类的图书,或"礼拜六"式的杂志?一方面固然因为缺乏合宜的指导,他方面也由于出版界关于青年与儿童的读物太缺少。可是目下一般公立图书馆,可曾有特为儿童读书的设备?

如今全国一方面既没有藏书丰富足资参考的参考图书馆,另一方面又不见供给普通民众读物的通俗图书馆。已往(我不愿意说现在)图书馆界的工作,概括言来,至多不过:

(一)集藏研究国故学的千万册经史子集;

(二)保留一部分古稀版本和所谓国粹的珍本;

(三)编辑几种包罗万象的图书目录。

这几年来有些人也感到无书读和无处有书读的痛苦。感到扩充公共阅书场所最急切的,总要算那些中等以上学校的师生,和从事于社会上种种事业的人们。学校图书馆所设备经营的方向自以补充课本为第一着,与研究高深学术的人们和一班民众依然是不生关系。所以现在最需要的图书馆,是

(一)研究图书馆,

(二)通俗图书馆。

近来常听见某机关设立图书室的声浪。各机关各有本身特有的对象。需要的材料,自和一主管实业机关不同。各办各的,自然不生关系。可是研究的对象虽不同,研究的范围每每牵连很多。研究社会学的,不见得不需要工艺科学的图书。人类的学识归纳起来,很可以看得出它因果的线索。所以省政府应当在各所在地设立一所研究图书馆,购置有关系的图书杂志,搜集各机关的表册报告,以供省政府各官厅的参考。范围虽大,较之那各机关各自为政,总可以节省点费用。除政治上应得秘密的文件以外,其他一切图书应绝对公开,不特予研究高深学术者一方便门路,也可稍补区内各种图书馆的不足。

研究高深学术的学者不见得富有财产。纵使稍有积蓄,也不见得能购买所有的应用书籍。人类即使有占有性,事实上又绝对不可能。书店里每每可以看见死瞪着几本书而又不拿出钱的人们。在这样情形之下,当然希

3

望公家的帮助。一个市里有一个藏书较为丰富的参考图书馆，自然会减少许多的痛苦。并且还可以鼓励有志研究而怯于动手的人们的勇气。许多人不见得愿做浅薄的学者，但没有材料可以供他参考，叫他又怎么办呢？

许多人对于某种事物，都愿意有点学识的根据。一班民众读了几本国民读本以后，就与图书不生关系，叫他怎样去了解那日新月异的学术？近来很有人对于学校教育发生恶感。其实民众教育不普及，学校教育也不会好起来。社会上决不能够有那学富五车的少数学者，和多数不识之无的人们在一条战线上。社会上不能了解学校里的工作，还有谁来监督学校的行动？民众如果能自己拿一本书无师自通；辨别能力，与时俱进。谁就不敢挂羊头卖狗肉。书中虽不会有黄金屋，可是有建筑黄金屋的方法。民众学校的设立，也不过叫他们多增加一点读书的能力，决不能满足他们求知的欲望。所以民众教育愈进步，通俗图书馆愈见需要。民众教育因设备的不充足，和教师的缺乏，一时纵使不能发达；通俗图书馆的需要，此时不见得就可减少。民众很多能，并且欢喜手执一本错字满篇的唱春词，或《七侠五义》。就是只进过二三年的私塾和认识几百斗方大字，他们求知的力量依然还是存在，并且照旧可以加大。通俗的图书如果经过一番选择，自然容易普及到大多数民众。名义是公共图书馆，恭藏千万册经史子集，叫谁愿意去赏光？还是经史子集不

4

是通俗的读物呢？还是一班民众不配来读书呢？唱词山歌仿佛有碍名教，不许陈列；而民众偏欢喜看它，这从哪里说起。这涉及图书选择问题，姑且不谈。可是民众不是不读书，这点总可肯定了的。民众既要读书，谁负这个供给图书的义务呢？知难行易，民众有实行的勇气，没有实行的工具。工具的门类甚多，图书也居其一。指导读书方法和培养读书能力，算是民众学校的责任——假设有民众学校的话。供给图书的义务和增进求知的兴味，这种重担，就不能不让公立图书馆挑起来。

民众不全是初识之无的朋友。有了中等教育以上的人们，就不研究高深学术，闲暇无事拿一本书看看来消遣，也是平常的事。每听见研究教育的学者说：研究专门学术的人们，调和工作上的困倦，增进学识上的思路，偶然拿一本别种的书籍阅看，也许有相当的利益。专门研究的学者购置工作内的参考图书，能力上已感不够；自无余资可以购备别种消闲的图书。公共图书馆置藏的门类如果很多，来者可以任便索借一册，说他消遣也未尝不可。工余假期没有正当消遣的处所和方法，叫多数人怎会不被引诱到赌博场中和色迷地方？所以公共图书馆应做到：

（一）置办专门研究的材料；

（二）采备通俗浅近的图书；

（三）供给为消遣的读物。

一个图书馆不能兼备上方条件上应有的图书。所以原意上是为某项研究设备的,就得努力于搜集某项图书的工作。如果为普通民众设备的,就得采备通俗浅近的读物。近来常发见"名类俱全一无所有"的图书馆。有时有人跑进这种图书馆去索取某书,不得,说上几句俏皮话,管理人有点脸热。其实各有各的目的,根据标准做去,自不必以没有某书为羞。还有些图书放在藏书库里,很少遇见主顾,这个不见得因为这些书不高明,可以销毁。分类编目不完全,就很容易发生这样的事。所以一个图书馆就不能备有很多书,并且将所有的书努力介绍给相当的阅者。譬如卖买,许多人不过乘兴,或是偶然跑进一间杂货店,随意看看,并不一定买东西。可是店员手段如果高明些,货物陈列如果精致些,许多看客也可变为买客。图书馆事业纵使高尚,不可与那些营蝇头毛利的商人可比。然而推销所职管的货物,彼此是一样。尝见公立图书馆里的职员手执一卷,坐在那里埋首看他自己爱看的书。一个买主进来向索某书,板起面孔来,回说没有;照理,有类似的书报也可介绍给他,不见得就与他无用。

民众学识的能力较高深的,参考的图书和通俗浅近的书报每易混合。一个经营参考的图书馆所以同时就可以做普及通俗学识的场所。在目下图书馆界,上焉者够不上做研究的工厂;普通些的,又不能引导一般民众去领

6

略浅近的学识。所以这两个标准—— 参考和通俗——尚
值得我们去思索,而且这确实是大家所最感需要的。

第二章　图书馆组织和职务

　　图书馆的性质不问是为通俗,抑为专门的,或兼任其二,内部的组织总大同小异,没有很多的分别。私立图书馆除在馆内服务人员以外,必须有一董事会。它的职权是:(一)关于经费的来源及支配;(二)任免馆长;(三)管理财产。董事当然由馆主聘请。但董事会组织成立以后,关于经费支配等项,应由董事会主持。馆主不宜与闻。既请人家来董理其事,就得尊重人家的地位。馆长一经董事会任命,馆内管理方面以及其他专门事项,亦须任馆长便宜行事,董事会不应干涉。董事会是立法机关,行政方面应全部委托馆内职员。公立图书馆的组织,有法令的依据。现在省有教育厅或大学区。这些厅区的组织上,各有社会教育的名目。名称或有不同,职务俱为推广社会教育则一。图书馆在系统上属于社会教育范围。区内公立图书馆直接隶属于该部。馆长的任免权,自然属于所在地的教育行政长官。可是馆长一经任命,馆内的处置也得全权委托馆长,行政机关不应横加干涉。总之图书馆是专门事业,非普通官吏可比,应得付全权于专门从事于此的人们。

馆长的资格,论者以为总得受有高等教育和有专门的训练。寻常每误以为读书多的人方有学问,方能做管理图书的馆长。多读书的人不见得能多做事。行政的手腕和应付琐细事务的能耐,确实是馆长们应有的资格。有些人能够坐下来读四五小时以上的书。可是要他担负料理计划去推广书籍给别人看,就有点费力。图书馆事业不是为当局人自己谋一便利读书的处所,是要为别人谋读书的方便。有些爱读书的学者,每羡慕图书馆里服务的生涯,以为有多读书的机会和便利。这些人只能叫他们去到研究室里读书,不配到办公室里去研究怎样帮助别人读书。所以馆长和从事于图书馆事业的人们,都得要有:

(一)图书馆学的常识和经验;

(二)勇于服务的热诚和能耐。

当然一个研究专门学术的图书馆馆长不能对于某种专门学识完全门外。图书馆内部手续程序彼此没有多大的分别。某书应否选购?某著作家的主张派别虽不能尽如数家珍,也得要略知大概。通俗图书馆的事业范围更为广阔。国内关于研究工具的图籍又那样少,假使一个馆员在可能范围内,能使来阅书者俱不至失意而去，实可算他得到圆满的结果了。

国内从事于图书馆事业的人数，实甚寥寥。研究图书馆学术的处所和书籍又那样少。要想在最短时间内设立数百所通俗或研究图书馆，恐怕有了书，也不知怎样去利用。所以一个行政区域内应有一个图书馆设计委员会，担负计划的责任。它的职权：

（一）计划本区内公共图书馆的设立和分配；

（二）襄助私立或学校图书馆的组织和进行；

（三）编选各种学术门类的目录；

（四）研究推广图书馆事业的方法。

每个行政区域内公私阅书所不止一处。已设立和拟设立的内容宗旨，均须有调查表可以稽考。在目下各市乡的设计未确定以前，主持社会教育的机关应将全部事业委托所组织的图书馆设计委员。须知每一城市住民的分布，工商业地段的支配，和公共娱乐及修养场所的位置，与此俱有密切的干系。比方公家能力只能在某区域内设办一所图书馆，设计委员会自须慎重选择适宜的地址。人口在三万以上六万以下，如有一个完备的图书和四五处阅书的场所，很可以给民众有接近书籍的机会，我们不希望在工余假期的时候，全区住民都能到图书馆里来。但是我们却希望培养知识的场所，能和娱乐的所在地同样的完备，同样的受人民的欢迎。

各区各市的图书馆职员如果没有受过相当的训练——在目下实在是免不了的,——对于图书的选择,书目的编制,很难望有圆满的结果。所以一个较大的行政区域里有一个图书馆设计委员会,就可以编制各种目录,以备区内从事于图书馆事业的同志们不时的去参考。书籍本身是死的;不会利用,就减少了它的功能。利用的工具有个领导机关去设计,造就;手续上既可减少了许多麻烦,工作上的效率就会同时增进。地方上所以要有公立图书馆,就是想用少数的经费,购置应有的书籍,以供给多数人阅看。各馆各自为政,工作手续一繁;需要的人手自多,经费因之增加,便失去公立的原意。所以总得在可能的范围内大家合作。

每区各公私图书馆里职员的平日工作,实事求是,已经是疲于奔命,自无余暇从事于研究。设计委员会的委员如能多半是专门家,一方面从学理上研究推广改进的方法;另一方面有那些管辖内各场所的报告和事实,作研究的对象;这门事业就易达到日进于善的境界。

国内找不出千百人去担负切实的工作,总会找得出几个人去担负设计的责任。一个行政区域内——姑且以省为单位——有三位以上的专家来肩起改良和建设的工作,虽一时找不到有经验学识的人员到各城各市去组织管理。图书选择,工作范围,以及其他近于专门方面的职务,有一个总机关代为规定计划,机械的工作自较易于执行。

　　每省在省会里办一所模范图书馆,由设计委员会直接指导。一方面可以受省政府各机关的委托,搜集需要的书本材料;一方面有真实试验的场所,可以研究切实改良的方法。并可附设图书馆学学校或讲习所,以造就本省内乡村市镇阅书所的管理人员。他们在设计委员会直接引导之下,研究一年半载,分散各处,去担负开办和管理的责任,自不免有各自为政的弊端。各处有特殊的情形和需要,管理员如不能应付,自可据实报告设计委员会,研究一较切实用的方法。双方有师生的情谊,自不致互相嫉忌,各自隐瞒,大家都是肩负同等的责任和追求相似的目的。合作起来,就会有显然的进步。

　　目下如果尚谈不到大规模的去推广图书馆运动的话,设计委员会自然无须设立。但姑就原有的公立图书馆加以改革,以适应民众的要求,也得有相当的组织。无论任何公立图书馆,总得有成人阅书室和儿童阅书室的设备。假使简陋到只有一间阅书室,也得为孩童们设备一两张可以阅书的桌椅。馆员即使少至只有一人,也得有指导孩童阅书的余闲和能力。目下省立图书馆普通总有职员三四人。馆长可兼指导参考的职务;购置登记分类编目两人管理;典藏出纳两个人——一人兼指导儿童阅书。职务分配未必尽能如是,但是为应付来者咨询的便利,总得有关于专门研究和儿童阅书的分派。总之图书馆馆员——无论馆长职员——不得以名流学者自居,自绝于民众;图书出纳不能与卖买货物一样,置交换智识和传达思想的责任于不顾。

所以不能施行统一合作的办法,就要谋各个公立图书馆能各自负应尽的责任。前者是整个推广的计划;后者为应付目前的办法。十七年五月教育会议设立中央图书馆的决议,负指导全国图书馆的义务;而列议案于高等教育组内。性质近于研究范围,不知关于推广民众教育和普及通俗读物的图书馆,放在哪里?

国民政府领域下的各省教育机关近均有改善省立图书馆的计划。我们希望不至于偏重研究高深学术的设备,而置民众教育于不问。每省先有一个模范图书馆固然很好。我们希望它能和大学区的大学校一样,肩起那指导各县市公私阅书场所的责任。那么目下一方进行救急的工作,同时可以经营整个的统一合作的计划。

假使有设立中央图书馆主持全国图书馆事业的话,那么就得有一整个的系统和组织。

一、图书馆的系统

图书馆设计委员会中央图书馆
- 图书馆学学校
- 设计委员会省立图书馆
  - 参考图书馆
  - 城市图书馆
    - 流通图书馆
    - 儿童图书馆
    - 巡回乡村图书馆
  - 私立图书馆
- 学校图书馆
  - 小学图书馆
  - 中学图书馆
  - 大学图书馆
- 研究图书馆

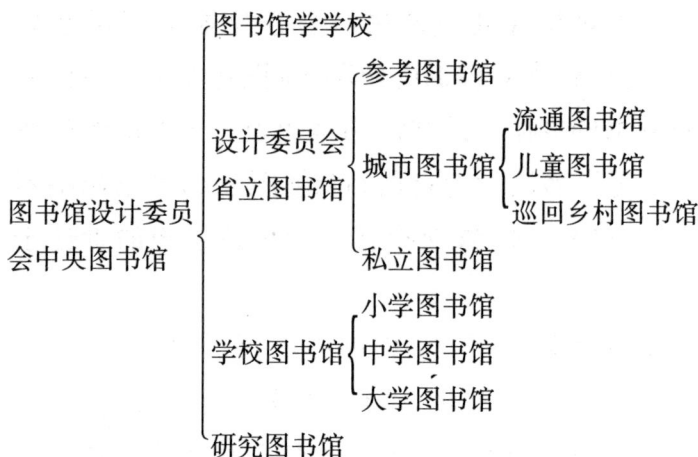

　　如目下尚未能设立中央图书馆,省立图书馆就得为最高机关。其他学校图书馆及研究图书馆就得隶属于它的组织之下。图书馆学学校,目前只须有一处。不是说现尚无须很多的专门人才,只因目前担任此项训练的人才尚感缺乏,能力上不见得可能开办数处。所以研究教育的学校,只须有一二专门关于使用图书方法的课程,已经能给公共图书馆管理上不少的助力。因为有工具,也得要会用。私立图书馆的经费,或许不受公家的津贴;但设备和管理两方面的规模,须在水平线以上。这事总得要大家合作,具有一个共同的目标。就是要使这件事业可以独立发展;结果才是整个的,全部的。

　　二、图书馆的组织(以省立图书馆为例)

- 设计委员会 馆长
  - 工务部
    - 参考
      - 选择图书馆
      - 编辑学术书目
      - 指导参考用书
    - 典藏
      - 登记
      - 交换
    - 编目
      - 分类
      - 编目
  - 流通部
    - 分馆
    - 儿童阅书室
    - 巡回乡村书库
  - 事务部
    - 会计
    - 文牍
    - 装订修理

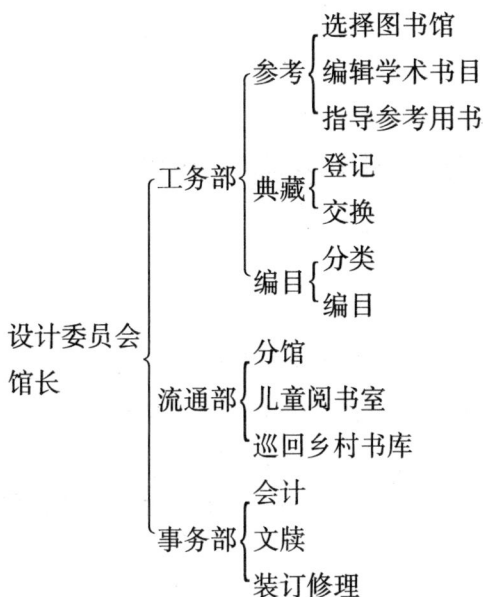

图书馆的组织决不能尽如上表。各处有特殊的情形与需要，自不能彼此勉强一致。经费的丰俭，人手的多寡，职务上又不得不设法归并。公立的原意是欲以最经济的方法选择多量富有意义的书籍，介绍给多数的民众。有了这条原则，事务的支配就有个标准。凡百事业的工作上：内部有它们本身的专门设备和手续，外面是应付与它有干系的民众。凡百事业，内部的事总须得有专家主持一切，对外方可随手应付。图书馆这门行业，也复如是。所以为要满足人们要书读的渴望和避免那有名无实不如人望的组织，总得希望有严密的系统和实事求是的设备。

第三章　图书选择与购置

自十五世纪活动印刷机发明以来，书籍的数量恒河沙数，不可计算。据专家统计约自二千万到三千万册。在这无量数的图书中，几乎没有一个忠实的标准，鉴别出它们的好坏。连它们的名目种类，也就不容易讲得明白。这个就要依赖目录学专家，去搜集甄别，保留一部分真有阅读价值的千万种书名，简叙它们的内容，以供专门研究学者的鉴别。目前图书选择，比较从前觉得更重要。一个完备的图书馆不在乎能购多量的印刷品，是要使来阅书的人们都可以在此借阅有益品性增加学识的书籍。公立图书馆在某区域里，要有影响社会气质的能力。民众在别的公共娱乐场所，不能得到辨别社会上形形色色的常识，而在图书馆中，书本上黑白分明，很可以得到超俗的理论和证据。

图书选择的标准，要以图书馆设立的宗旨和工作的方向为依据。关于图书馆设立的目的和应尽的责任，论者意见多不一致，但有两个观念是根本重要，无容置疑的。就是：（一）功用，（二）享乐消遣。我们对于图书馆工作上，一方面应承认图书馆是一个材料所，或是询问处。设备上便当注意于应答社会上日常事物的询问。来问的人，有教师，有学生，有商人，有工人，有新闻记者以及担任各社会和政治工作的人员，但是不论他是何等样人，都须应答他们的询问。在别一方面，有些人并不是为学识而求学识，是为调和单纯的生活，变换偏枯的情感，而拿书来读的。这也是现在人们的常态。某个社会里对于功用和消遣两方面需要的成分，是难于一致的。须查察所辖区内的社会情形而自行判定。当然没有一个理想的选择标准，可以应用到任何区域。有些地方功用的图书完全不感需要；可是有些地方的图书馆的主顾，不乏专门研究的学者，或从事于工程实业事业的人们。所以头一步我们对于功用的图书与娱乐的图书，就得万分慎重预定一个比例。

达到了这个目的以后，还得要采取下两个方法的任何一个去应用这个方针——数目法，和关连法。数目法比较容易，仅需决定应购置关于某门类书籍的多寡。关连法较有实效，因为图书的选择依相当的次序的。某书与某书有密切的干系的，便购办。又合购某某数类，以备研究某项问题之用。如此，图书馆不仅能供给图书而已；且可供给有组织的材料。为研究者做一个方便的指导。自然这在图书馆管理人必需有丰富的图书常识。管理人如要晓得社会的需要,必须认识两件事实:(一)人类工作的任何方面,均各有其专门学识的依据;(二)凡粗具读书的能力,均望吸受普通的常识。寻常的人们只需翻阅每日报纸及通俗杂志。所以图书馆应备有立刻可以找到材料的工具。一个普通的公立图书馆,事实上决做不到供给民众所有的需要。但是总得有检查材料的工具,可以让来者有搜集关于某项资料的方便。给人人有个相当的机会,去做他自己选书的工作。

有一个最低的限度,能叫工程师,实业家,农民,研究生都可以感到满足;就是图书馆须能常备关于普通的最新出版物,叫本区内的住民可以不至废然而返。关于文学一方面,困难较多。惟供给著名诗人戏剧家的名著以及某时代的代表杰作,似尚易于为力。图书馆在可能范围以内,当然选购适宜的书籍。图书的内容价值,自居重要地位。公立图书馆当不能将社会的金钱购置恶劣的小说。即使有许多人需要那种小说,但如何能作为选书的金科玉律!

所谓图书的内容,有文字和材料两方面。材料即是丰富,而文字不忠实,也不能算是一本好书。购置而不顾到社会的需要,所备虽不是坏书而没人去赏识,终究是一个缺陷。事实上常常发见书架上新添些无价值的当代作品,为的是有人好奇要看。关于图书的选择,自须请教各科的专门学者。管理人纵识书甚多,也不能件件通澈。

可先预备一拟购书单,分寄专门学者,征求他们的意见。一个有经验又有学识的管理人,在这件事上必然精明得多。小说书籍,选择最难,出版处及著作家都有点靠不住做标准。这个就希望有一个如设计委员会的机关,来承当这门责任编制书目,以为模范。

关于选书,有几个应当避免的条件:

(一)不宜超过某区民众阅读的能力;

(二)不宜多购珍贵的版本;

(三)不宜贪门类甚多的美名,置民众需要于不顾;

(四)不宜多买丛书;

(五)不宜任意订购预约的图书;

(六)不宜为一时的急需,购置售价奇昂的图书;

(七)不宜根据广告而定取舍;

(八)不宜购置价贵的新版参考书,(要能切实认识新版与旧本的异同)。

学校图书馆对于选购方面,较之普通公立图书馆方便得多。书籍大多由教员介绍,门类亦较易于确定。一个大学图书馆对于书籍选择,应注意:(一)与学校左近其他图书馆的关系;(二)本校各科院的干系;(三)某科院内的课程支配。大学校和所在地的公共图书馆彼此应合作,各任一部分的扩充;商定交换流通的办法。一校内各科院的需要,每有相同地方。如果各科院各有阅书室,彼此就应互通声气,避免多购重复图书。一科内的功课互有关系,担任专门课程的教授,有时不止一人;每季购书应妥为分配。总之大家都应有合作的精神,并有图书馆要逐渐扩充的认识。

中小学校图书馆情形,又自不同。选书又另有三种标准:(一)趣味——书籍那怕很好,青年人不爱看,就无用处;(二)功用——发展青年人思想的能力,和培养青年人研究的兴趣,在千万册图书中,他们总可得到适合个性的图书,而使他们有多得到一些学识的机会;(三)价值——有价值的作品,应按着青年人学识的程度,介绍给他们阅看,使不为无益之书所误。所以在儿童读物方面,要有学者编辑儿童书目,以为中小学校图书馆选书的标准。经费的支配,又得以书籍种类为标准。出版家每编辑儿童各种丛书,以便于推销,管理人应不为所惑。书的取舍,必须要一一辨其优劣,重复本有时较新书尤为重要。

假设经费不多,支配上就得费点事。究竟哪些书应当先买?一个公立图书馆,要设法补助民众参考的不足,所以它的重要目的,是要能备那在别处不能立有的需要参考。购书尤得要先从本地的最新图籍入手,进而采置外国文和古书。(一)本地的报纸期刊和机关报告,都得搜集全份,这是某地图书馆的专门职守。从前我们省立公共图书馆如果能随时集留所在地的俗歌民谣,现在又何至于当古董来征求?(二)公文档案,在某期限以外,就得送到公立图书馆里给专门研究的学者不时的参考。政府机关的表册，是向民众报告的文卷，就得让民众有接近的机会。（三）年鉴，各科全书，为人类事业的总帐簿，和各种工作的最近报告。寻常图籍大多偏于论辩。整个事实的叙述，在年鉴中可以得到简明的线索。学识的任何方面，又可在百科全书中找到它相当的位置。藏书不多，有一二套较可依据的年鉴全书，也可以应偶然的考询。（四）地图指南，为本地公私事业的情形和关于公共生活的条律之一较详索引，为远方游客所必须探询者；公立图书馆就得备有最近的版本。地域较大的城市，生活复杂，人口又多，这些地图指南，也是住民可以借助的利器。（五）关系讨论当代问题的图书，又是稍有常识的民众所爱阅读。例如近日急切的满蒙问题，凡是中国人都得稍知究竟。这类书籍，平日就是没有人顾问，在目下立可看得出需要的急迫。（六）关于近代工业的图籍，在任何城市里，都占有相当的地位。一方面希望民众不至和当代隔离太远，一方面要给从事于工商业的人们可以随时得到较近的科学知识。（七）书目索引等，是检阅图籍的工具，为研究工作上必备的法宝。纵使图书馆不能备全关于某类的出版物，也须有可以检查的书目。民众为增进本身研究趣味起见，或许自购无可借阅的要书。国内除出版家目录外，无选择书目的发行。前几年关于国学书籍也曾发表过几个要目。笔墨官司打了好久，到现在又没有声响了。在目下出版界较为发达的时候，每日都可看见几种新书广告。许多喜欢读书的青年，很希望有张可以依据的书目，作他们平日读阅的指导。先前学者也曾做过一番目录工作。可是现在学识门类远倍从前，书目的编辑刻不容缓。杂志上偶亦有几篇关于书目文字。希望大家大胆的替各门学识编辑有注释的书目，互相比较，也可给青年人一个较便于探险的道路。

说到西书的选择，普通公共图书馆能每年花上四五元，预定美国图书馆协会发行的"《书目》"（Book list）一份，也足够参考的需要。

近年著作家每喜欢在他的作品后，附上一节参考书目。这里就发生一个疑问。书目上所列的，是作家著某书时的自身参考书目呢？还是为读此书的人们，特预备一张再进一步研究的书单呢？西书也常有这样的附篇，特别是在教科书后。作家大胆的在各书名后，加上一条简明的注释，某书忠实，某书专断，绝不客气。像这种书目，就是我们所要的书目。选择书籍就可依为根据。应时的作品，每易趋于夸大和草率；这些地方就得要随时鉴别。若是说现在作品少，应当尽量的搜集；开卷有益，那是与培养民众的品性学识根本不相容。

姑以普通公共图书馆为标准，选购图书，也将顾及门类的比例。大家的观察虽是不同，如稍为厘定，可得下表：

种　类	百分率
工作用书	……6
哲学书	……5
宗教	……3
社会学	……15
经济学	……10
文字学	……3
自然科学	……8
应用科学	……10
美术	……5
文学	……25
史地	……10
	100

时代的需要，有时确难严守常规。一个初办的图书馆，关于工具图书购置较多，用费自大。研究的机关，自须以研究的对象为标准，通俗的阅书处，大多以文学占重要地位。这须由各个图书馆自去体会。

图书并非全是万古不朽的人类功绩。表面上也非能如"敬惜字纸"一样，永远珍藏；有些书总得毁弃。

普通书——残缺的书，除非修补以后，不应流通。

科学类——普通的课本著作，大约出版后二十年，已不合时，就可弃毁。动植物学的论著，如附有精细的图案，在弃毁时须加以慎重。应用科学的书籍亦如是。

哲学宗教——解释和叙述的课本，随时有新作品出版。宗教上的争辩论文,过时就失价值,要常加选择。

社会科学——关于经济,政治,法律的课本或史书,与时俱进,必求其能入时。历史的记录终要以能近当代的为贵。代表以前各时代思想特点的名著,自属例外。

语言文学——寻常字典文法均应随时更新。说部曾见于文学史上的,应为保留。其他应时的作品,过两三年等于废纸;除社会上确实需要,可不必备架珍藏。诗歌戏剧的集合本,如有新出版的来代替,也无留存古董的必要。版本好的,又当别论。

史地——史书只须保留各时代的名著。叙述的课本,易失时效。旅行游记,名胜指南,除有文学价值和插画精美的以外,十年前的作品,就少有人顾问。

图书除课本外,实难说绝对的可以弃毁。因为一本久无人问的书籍,忽而一经品题,崇为名著。此处所指为可以弃毁的书,当然以流通为标准。公立图书馆可将那拟撤销的图书编一简单书目,详注他们的出版年份,分发各处,就正于识货的民众。

(图一)　　　添书单(3"×5")

登录		著作人……………………………
定单……	请勿在此线左边填写	书名……………………………
定期……		…………………………………
定处……		版次………出版期……册数
到期……		出版处………定价
实价……		用途……需要时期……部数
部属……		提议人………赠书人

书籍一经选择,就得要察看经济的能力,能否即去购备。所以可以用添书单(见图一)一种,随时填写,果属急需,或有款项,自须即往订购;否则也可暂行放置,再候机会。有些图书馆不用登录簿,以添书单为登录卡片。又有些图书馆以添书单为书架表;只须将部属放在第一格,余可依次下推。事实上,做为书架表较好。登录总得有本簿子。简单登录簿可见下方。

编入号数	编著者	书　名	出版期	发行所	价值	分数号数	备注
5351	沈丹泥	童　工	十六年	世界	.35	331.3	
2	杨鸿烈	中国诗学大纲	十七年	商务	.75	810.4	

　　本国出版的图书,自可向原发行处购置。出版家优待图书馆,例有特别折扣;本分权利,当不放弃。外书购置,数目如不大,亦得委托经营外版书籍的书店。外国出版家对于图书馆,也有优待办法,经过了中间人,就要吃点亏。每年购置外版书的经费若是很大,人手又多,自以不避手续麻烦,直接订购为便宜。

第四章　日报杂志公报小册

除成本的书籍以外，还有日报杂志公文表册等印刷品，在图书馆的需要上也占有相当的地位。并且日报杂志中的记事论文，多半是关于当代的人生问题。一个著作家对于某种事物的判断，每于初得结论时，仅写上千至万字左右的短文，随时发表，以引起社会的注意。往往因此可以获得几篇讨论的文章，互相发明，这在作家的思想上，也可纠正疏忽的遗误，与继续研究的生机，日报为最近社会生活的记载，其重要更不待言。公文表册不特对于社会健康上予以法律的依据，且可供给事实上统计的资料，以为人类改善的参考。试问这些出版物应如何处置，方见便利？兹略述于次：

日报　一个普通公共图书馆，是否需要一间精致的阅报室；自经济的立场上说起来，花许多钱布置阅报室，还不如移作他用，扩充其它的部分。但是普通民众跑进来，也不过翻阅当日的报纸，并不需要他种印刷刊物。此在寻常的工商住民场所，更易显见。在中国社会里，有很多人尚无购置一份日报的能力。可是关于日日新闻，法令，公布等项，又不能绝无所知。尤其在我们这个畸形的国家，工商业大多集中在这个大城里。材料丰富的日报又大半在上海一处发行。远在四川云贵等地，如果发生事故，连广告都要送到上海报上刊登。失业的国民日日找事做，对于招请投标以及招考等广告，较之日常一切事务更为关切。公共图书馆是拿民众的钱来办的，就得为各公民妥为设备。

日报室设备的第一要点，就是要借此来招揽民众。报纸所载，是现时的史料，足以使阅者不致自绝于当代；且可使住民了解当地社会的真相。所以我们可以根据经费的多寡，定一个比例的标准。若是某大区域内只有一个图书馆，在各段内又分设几个阅报所，那就不生问题了。

报架可取斜形式，日报分置其上，以每份报纸为单位，不得任意携去。报架或为单面，或为双面，当以房屋之形式为依据。斜度要以能看见报纸上端为标准。如一方报架的单面上。可置三四种以上的报纸，著名的与不著名的应相间放置，可免阅者拥挤的困难。地位很小，自不必备有坐椅；如备坐椅，以不能移动者为宜；阅者行动时，自少声响。总之阅报室以不占广大地位和不多花钱设备为上策。

剪报便于日后参考，手续较繁。普通公共图书馆人手短少,不必勉强从事。可以保存日报一二种,备偶然的查询就够了。研究图书馆可就它研究的范围,裁剪报纸,分类安放;其用途或比他种印刷物较为切实,但所剪下的短片上,必标注日期,以醒眉目。

杂志　欧美各国研究学术的杂志,几乎应有尽有。研究上的发见,和实验室的结果,学者每多编著短文,在杂志上发表。欲从事于相似研究者,得乘机各抒己见,互相发明,以促进学术的进步。国内杂志界也曾有几次特别发达,而以研究文艺为对象者居多,关于社会理化工艺者甚少。学术研究的风气渐开,大家都有些话要讲,就会有便于"讲的工具"之兴起。杂志上每见有长篇稿件,分期刊登,不久就另行单印。也有汇集短文成书者。所以日报上的消息,是学术界的广告;杂志上的论著,是学术产物的样品。杂志的重要,于此可知。杂志的功用,约略言之:

(一)关于新智识的发见,先多见于杂志上的论文,后见于图书。

(二)材料之不见于图书上,与图书馆不备某类的图书,杂志可济一时的穷荒。

(三)关于当代的人物时事图书的多方面观察,可杂见于各种定期刊物。

杂志购置与否,也得经过一番选择。国内杂志每多不能如期发行,且多无相当计划和把握。行世未久,就告

28

停刊。先前也有人编制杂志目录，未能注明性质与内容，所以竟无一相当标准，给从事于图书馆事业的人们，一真实的参考。这就希望中央或省立图书馆内的专家，为增加效率和扶助志同道合的小同志们设想，来担负这样工作。最好能将停刊以及续刊的全数，编列一表。

杂志发行，既无一定的日期；出版寿命，又难有确实的把握。私人零星购置，尚可应付。图书馆如均预定，恐受损失；随时零购，又多不便。为了上方两个缘故，到现在又尚没有经营代售杂志商店的组织，这也是国人生活无次序的一个象征。

至于外国文杂志，上海就有好多家经营此业。普通杂志可以随时供给；较专门的，亦可代为预定。惟价格上，大多较原价稍贵。自可与杂志上所载比较，加以斟酌。大学校以及专门研究的图书馆，需要西文杂志较多，自以能向西方订购为宜。纽约 G. E. Stechert 和波斯顿 F. W. Faxon 两公司经营杂志，有数十年的经验。设备工作，俱能信赖。前者并代售欧美图书；后者专经营杂志事业，并予图书馆特别公道的价目。杂志能在一处订购，自少许多手续，节省邮费，且查询上亦较便利。

杂志每卷装订起来，就成一书。西文杂志，无论日刊周刊，每年均分为数卷，且多为每卷编排目录索引，并附书名页（书名页为详载的书名，编著人姓名，出版家发行处及出版期，版本如有改订亦须注明之一页）。或附在每卷的最后一号,或附在次卷的第一册,或单独刊行。但有些杂志并不将目录随报寄送。图书馆在装订时候,应加以检查,如无目录,应向出版处索取。国内杂志近亦有目录与索引的编制,而无书名页;且于两点上极少注意。每卷多至十二册或五十二本,仅有一目录。一册中每篇页数自为起止。不相连贯,甚至不注明卷号。装订成册,翻阅至不便利。自不能不希望出版家加以注意。

　　装订杂志,看来极为容易。只须卷无缺本,号无缺页。但是每一本杂志的前后,广告甚多,且有加入册中者,装订时须拆开取出,可以减少页数重量。卷外标题,也须慎重审定,要能一索便得。杂志究竟必须装订否?杂志内容,门类甚多;一旦装订成书,假设有两人以上,各研究一个问题,同索某卷以备参考,图书馆甚少,——可说绝无——备有复本,这里就发生了困难。且装订的杂志,如许借出馆外,万一遗失,欲补无从,有钱也难买。所以有些图书馆将每卷杂志各置入一特制书夹,随时可拆下参考,自较便利;即使遗失,也不至毁及全卷。故杂志当以不能携出馆外为原则。

　　图书馆每年应将预定杂志列表,张贴于杂志室内。阅者可以立检某图书馆曾否订购某种杂志。杂志一经订定,就得登录。通常采卡片式如(图二)。

东方杂志											半月刊		
年份	正月	二月	三月	四月	五月	六月	七月	八月	九月	十月	十一月	十二月	书名页索引
十五	1	3	5	7	9	11	13	15	17	19	21	23	
	2	4	6	8	10	12	14	16	18	20	22	24	
十六	二四 1	3	5	7	9	11	13	15	17	19	21	23	
	2	4	6	8	10	12	14	16	18	20	22	24	
十七	二五 1	3											
	2	4											

　　左右十四行如图。上下应有十格的空白。每卡可够写月刊十年，或半月刊五年，或周刊两年的登记。每月多到五周；九格或十二格的登录卡俱不适宜。后面备为记载出版处，订购处，价格等之用，限于篇幅，不能制样。

　　公报　官厅及其他公共机关，大多集聚公文法令报告调查，发行各种刊物，供给凡百事业的事实材料，为凡百公共生活的历史实况。年鉴百科全书的编辑，俱须依赖千百种的公报为根据。国民革命行程中，军事将近告成,训政开始,建设机关日有增设,当草创的时候,法令,调查,报告最居重要,且凡属国民俱有了然这些机关的行动与工作的必要。省立以上的图书馆,地址较大,工作范围较广,自以能搜集所有的公报为是。较小的图书馆,当然要斟酌情形,各自认定。但无论任何图书馆,必须备有所在地的官厅公报,尤其是那些有历史价值的刊物,使国民了然于所在地官厅的工作和方针。纵使不能直接给官厅以积极的方便,但亦可以减少官厅行政上执行的阻碍。

英国对于官厅公报的处置,约分两种。甲类的可以分送各公共图书馆;乙类的则不得分送。上下议院的文报,和外交官的报告,列入甲类。只须索阅,立即寄赠。其他分二十项,列入乙类,例不赠送。美国则指定藏置公报图书馆数百处。每一个国会议员,可以指定一个图书馆为公报的贮藏所。中央设一专部,职司管理公报编目分送发卖的责任。我国官厅出版物,各自为政,实非所宜。印刷,分送,发卖,似应集中。省立图书馆及特别市立图书馆,应指定为中央及省政府各种公报的贮藏所。县乡立图书馆也可以请领公报的一部分。官厅出版物,当分赠所在地及领域下的公私图书馆。公报为政府向国民的报告,国民既负纳税的义务,就得享与闻公事的权利。近来公报寄赠时,每附有"交换"的图章。一交通机关或农工机关和一普通中学校交换出版刊物,有时只可以说藏有某机关刊物的光荣,实没感到需用的必要。本来是一本统计表格的重要文件,放非其地,也只能等于废物。所以出版机关应当分别处置。交换发卖,如能集于一处,就可以避免许多的错误。公报如为年报,或单行册本,当可与其他书籍一样处置。定期刊物,可分卷装订成书。普通图书馆不能贮藏所有公家文件,似不必另设专部;即有许多机关的刊物,也须分门别类,如书一样的编目,俾便参考。

小册　小册,是页数不多的书籍。有些作家对于某种问题,著篇短文,叙述个人的主张,大多有点时间性的。国内出版界,有很多不满百页的图书。所以孰为小册,孰为书籍,颇难辨别。材料方面,有时一篇短文,反比一本书籍较有意义。总之藏书不多的图书馆,对于这些印刷品,也许能处置适宜,以佐参考的不足。小册如不加整理,凌乱置诸架上,而与其他书籍混合一起,每有遗失的危险。所以为便利管理起见,可集意义相似的小册于一特制的纸盒内,外标一总题,放置于同类图书之前,以便检取,每册上均各注有分类号数,取放就可避免错误。

第五章　参考用书

专门研究的学者,对于图籍,固不问它的性质为参考,或为普通,只须与他们研究的对象有关系的材料,均包括在他们参考范围以内。所以一个研究图书馆,除通常字典、辞典、年鉴、公报以外,还有千万卷册直接和间接有关系的图书、杂志、公报、表册。普通图书馆,对于索阅某类书籍的阅者,自然只能在可能的范围以内,供应参考的需要。此处所谓参考用书,以寻常便于检查的印刷品为对象。就性质言,可分两种:

（一）检查材料的工具图书;

（二）便于迅速参考的材料图书。

前者以研究的工作为前题,寻常每列入图书馆管理人的用书书类;但也为研究学术者必需的工具。后者以便于迅速检查欲得的材料为目的。字不识,当检字典;辞不解,可查辞典;事实不清,可翻年鉴。下列所举,不过略述普通的数种,藉知大概。

工具图书,如索引,书目,杂志目录等,俱为便利工作的利器。国内对于这种事业,尚无专籍的发行。间或有大学图书馆编制杂志索引,杂志种类未必尽全,并且因为来馆利用者,均为该校的师生。所以希望有经费、有人力的公立图书馆,担负这样的工作,从事于普及。近来公私方面均有搜集新旧书目的热情,然而不加整理,只能专供研究目录学者的参考,与普通研究学术的人们,仍不见得有多大的便利。以研究某门学术为对象的书目,社会上所能常见者,只有关于"国学"方面的三四种,观察各有不同,取舍的准则,也就随之而异。至于研究目下各种学术,老实说一句,还得要仰给于"外货"。欧美关于全国图书目录的发行,多至三四种,兹举其重要者如下。

美国 H. W. Wilson 公司发行《累积书目》(Cumulative book index)每一年中发行十次,或两三月累积一次,或半年累积一次,久至四五年再累积一册。所谓累积,并非将先后发行的书目,聚而合订一起;乃将所有书目各依著者,书名,门类,按字母的次序,从新编制。今年又有一九二七年以前图书目录的发行。关于选择方面,有《美国图书馆协会的书目》,一九二六年本,载书名万册,并附加说明,杜威分类号码,足够为普通图书馆的选书参考,(图书在英美两地发行者亦经采入)。

英国 论敦 Whitaker 公司发行《现代图书的参考书目》(Reference catatoque of current Literature)一种,乃取书局书目,依局名的字母次序编合而成,另附索引一册。

一八七四年首次发行，每年更正一次，该公司并发行一种《售卖图书文具行业公报》，（Booksellers and the Stationary trades journal）每月一册，除登载一分类的新书书目外，并附有书业新闻消息。报价每年十先令，约合国币六元。

法国 巴黎 Le Sondier 公司，曾有《法国目录》（Biblio‐Graphie Francaise）的发行，包括一九〇〇到一九〇九年的书目，也以著者篇名门类混合依字典式排列之。该公司每年继续刊行年报一种，欧战以后，随即停刊。周刊月刊，照旧发行，定价每年二十法郎。

杂志的重要已见上章。零星短文的混合刊物，卷册积久渐多，就各分卷装订成书，每卷包含许多题目，检查极不便利。所以为迅速起见，应有相当的指导。

（一）杂志篇目索引 杂志篇目索引，一如图书的目录卡片，可以在最短的时间内，检得关于某项材料的处所。

（二）杂志目录 编制一杂志名目表，详注他们的完全名称，经过情形，论文性质，以及编辑人的简单传记，和出版价格。虽不能立即晓知各种杂志的详细内容，也可稍识他们的大体，取舍之间，总可有些标准。

（三）重要杂志单 详注成套杂志的处置场所，以便阅者搜集材料时，不致有"苦无可得"之叹。

我们国内关于这方面工作，也不见什么动静。杂志的发行，日见其多，且常有新刊物的发行。学者都须各做

36

一番检查的工作,方无彼此相失的痛苦。姑举欧美人所编辑的一二种,藉作他山之助,也可给检阅西文杂志的人们,有些微的明路可走。

范而甫斯氏于一九二六年编辑《国际的重要杂志》一小书,内载全世界六百种的著名杂志,以韦尔逊公司收到的各图书馆杂志单(为预定四种杂志索引用的)为依据;并得各地图书馆的赞助,方成此书。它的排法,以种类为依归,书后并附有种类名称,和地域索引。每杂志下各注明每年刊期,价格,简单的说明。中国国内发行的杂志,只有密勒氏评论报和西文远东时报两种,且均为西人所编辑。

关于杂志内容的分析索引,美国韦尔逊公司独力发行四种。我国大图书馆多备有一二种者。

《杂志文字的读者指导》(Readers' Guide to periodical Literature)乃将最通俗的一〇八种杂志混合编辑而成,互见于著者和名类双方之下;篇名如非必要,不列入。种类的题名,也经一番的选择。并于某则下,详注卷号数目,日期,页数,插画等等。每月发行一册,三月累积一次,每年和每三年累积一大册。每累积一次,重新依字母先后复排一回,所以没有重行翻阅月刊的困难。书评,亦记载于评书人登记下。一九〇五年另《有书评汇报》的发行,此项书评索引,不再编入杂志指导刊物内。一九一四年以前,各册内并附有书名的索引,后亦另行编辑《标准书目》一种，该刊物就只以杂志为对象。

《国际杂志索引》（International index to periodicals）乃前种的刊物之扩充，现列入杂志，计有二八七种。编制一如上方。每年发行五次，五月号及十一月号，各累积一次。正月号为年刊。累积册已有一九〇七——一九一五，一九一六——一九一九，一九二〇——一九二三，及一九二四——一九二五各册。

关于专门学术的杂志索引，亦可略举一二。

《工艺科学索引》（Industrial arts index）以工程商业实业的材料为标准。现包括二百种以上的杂志报告。每月发行一册，每年累积四次。年有年刊，两年一合刊。自一九一九年起，英文以外的杂志也有列入。编制亦如上方所述的第一种。但某题仅排列于应归的名类之下，不重见于著者索引。每年报资以定阅人的自有杂志数目为标准，最高价格为二四，三六元美金。

专门经营杂志的 F. W. Faxon 公司，也有杂志索引的刊行。主编戏剧一种，包括二百种以上英美杂志关于剧场剧员的论文插画，并附有论剧和剧本的书目记录。杂志论文，只在种类项下登注。剧本以名称排列，或仅录入"戏剧"项内，但另列入著作人下。化装照片并见于演员和表演名称两处。此种索引，虽起自一九〇九年，但亦有追录该年以前的杂志。一九一二年以后，各册并另附有（一）关于剧场书籍的著作人索引，（二）剧本的作家索引，

（三）剧本的剧名单。

国内关于杂志索引，实不多见。上海《东亚同文书院支那研究部》所编的《支那研究》，为一种不定期刊物。自第十四号起，每号附编有主要《中国杂志记事索引》一种。以名类为次序；每项下注明杂志名称，日期，卷号，数目，著译人。但这是日本人干的。

以上俱属于工具书类。图书馆如能自度能力，购备数种，虽不能供给阅者所有关于某种研究的材料，也可以给阅者了然于人类生活底各种记录的范围。至于公报，西方也有索引的编制。例如美国《公报管理处》有对照单的发行；《国会图书馆》有各州公报的月刊。英伦上下议院也有普通索引的年报。我国地域广阔，公报散置，不加整理。先前政府有印刷局的设备，但无完备书目的刊行。图书馆只能随时随地加以选择。这个不能不希望政府或中央图书馆的努力。

日报也为参考用书的一部。为应用的便利，亦得有（一）索引，（二）目录，（三）各处报单等件。《纽约时报》有索引季刊，依类归从，并注明日期，页数，地段，复有关于重要问题论文的节录。英伦《泰姆士》报亦有相似的标题索引。我国上海《时报》在数年前的国庆纪念节，有索引特刊的发行。可是后无继起，也就没有人顾问了。

字典，辞书，年鉴，百科全书，公报，社报等，均为参考图籍，学识的清理所，图书馆的缩形体。在一册书内，搜集散布于千万种图书中重要的智识,确为启学术之门的钥匙,探寻万古智慧的宝库。

字典　据万国鼎君的《字典论略》(原文见《图书馆学季刊》第一卷第一期),关于目下发行的国文字典,以言详备,常推《中华大字典》,与《实用大字典》;以言简易,以商务印书馆的《学生字典》,《实用学生字典》及《国音学生字汇》为善。普通图书馆可以选择数种,足供平常检查之用。近来对于单字排列的部首笔画之旧例,颇多不满;研究之者,颇不乏人。正在排列或拟议中的新式排列字典,有王云五的《四角检字法》,万国鼎的《汉字母笔排列法》,张天放的《形数检字法》。此与图书馆目录卡片的排列,甚有关系。书均未出,未便任加论断。

至于西文字典的选择,可以注意下列数点:

(一)范围　发行的日期,和修订的期限;

(二)字汇　字典数量,俗字术语的支配等;

(三)单字　拼法,读音,字源,释义,举例;

(四)插图　选择范围和来源;

(五)附篇　外国字,人名地名表的列入;

(六)用途　编辑人的对象为注音拼法,抑为释义。

普通图书馆的书架上,大多备有一册韦伯斯特氏的 New international dictionary 或 Funk 和 Wagnallis 氏的《标准字典》,或只备商务印书馆发行的《英汉双解韦氏大学用字典》。近商务又有《综合英汉大辞典》的发行,据样本所称的内容:(一)单语及复合语十一万条,(二)外来语三千条,(三)成语七万四千条等,附录有地名,人名,教名,音释,类语,对语,略语,中国地名表,和不规则动词表。搜集范围以及包罗限度,自较坊间现在印行的英汉字典,较为丰富入时。惟注音拼字方面,未能将晚近简便准确的方法,附加说明,此在专门研英文者,仍感不足。

研究西方学术,实又不能不仰给于西方人自编的各著名字典辞书,以求详尽。

英国发行的 Oxford English dictionary,自一八八四年开始印行,至本年(一九二八)方将完成。积四十四年的工程,千百人的努力,才有此完备的英文字典。近复因旧籍发行年代已久,从事于补编的编辑。宗旨,是尽量的将一个字的来源说明,指示八百年来每字音义上的变化。这确实是英语文字学的良本。定价将近一百磅,普通图书馆或难购置。

寻常有一册韦氏《新国际字典》或《标准字典》也可够用。其他各国文字,国内研究的人们尚少;坊间发行的中外合璧的字典,又寥寥无几。图书馆各选一册,也可应偶然的需要。姑举一二种各国自出的字典如下:

E. Lttré 氏《法文字典》,于一八七三发行四卷,再五年又出补篇一册,一九一四年又有缩本一种。

Grimm 兄弟自一八五一年发行德文字典一种,包括自十五世纪末年至今行用之语字,近尚未完全成书,惜无与释音等有关系的释义。据专家的估量，字源叙述，不能一致；引语又不周全，加之材料的编排，不甚得法。但此在德文中，已为一较良好和完备的字典。

辞书　我国旧日的类书如《玉海》、《图书集成》，与现在的《辞源》、《中国人名大辞典》等，均属于辞书。我国关于这类图书，本来不多。旧籍的编制，不便检查；新近刊物，又多未能详尽。例如《辞源》，范围较广，自难望完备。近且有文艺教育等辞典的发行，或可救专门研究的困穷。《人名大辞典》只各写某朝人字样，不详生卒年月。我们国人对于时间的重要，每易疏忽。此亦不得不希望改订，以期切于实用。

百科全书，实亦辞书的一种，汇集凡事物的源流于一处，俾便检阅。坊间每利用这块照牌，以迅速的方法，草率成篇，廉价发行。所以不得不知辨别方法。一部好的百科全书，应具下的条件：

（一）编辑人选　一个人或一部分人不能写一部百科全书。主任编辑当就材料方面，酌定人选。专门论文，或许要请国外专家，从事纂述。卷首应将纂稿人名地位列为一表；稿中又须各注明写稿人的姓氏。所以头一个条件，是要请专家纂稿。

（二）发行日期　人类学识，日有进益。百科全书的编辑，工程浩大，应如何可以不失时效。（甲）订正版本：发行家应于一定期限内，从新改订，除旧加新。所谓改订,非指印刷次数,此不可不知。(乙)采散页式,随时可以将新集材料穿插入内。例如 Nalson 公司的散页百科全书。(丙)发行年报:百科全书无论如何不能常常更订。每年可将前一年发生的事实,依全书方法编辑,作为补篇。《大英百科全书》和《新国际的百科全书》均采此法。(丁)改订以后,重新排印,究嫌费大。所以可随时发行补篇二三册,附于原书后。合时,为第二个必要条件。

（三)附列书目　百科全书中论文均甚简单,仅备急切的翻阅。每篇后应各附一精选书目,便于精深的研究,这是第三个必须的条件。

（四)材料的排列　材料的排比,应有一定的次序。现行的百科全书中,学术名称,或以类从,或各居一格。前者应附有完备索引,注明较小题文属于何类,可见每页。例如《大英百科全书》。后者各自独立,检阅自易;然有关系的文字,不相连属,研究整个问题的学者,反感不便。材料之互见于两处以上者,又须有互见的标题,方不至有失。

百科全书以外,还有各科辞书。此在外国,种类甚多。我国市上,则不多见。除历多时不修订的日用百科全书,少年百科全书,和所谓大观之类以外,就无续作。某书馆有百科全书的拟议,尚无发行的广告。西人 S. Couling 氏于一九一七年发行中国百科全书一种 Encyclo-paedia sinica。计六三三页,举凡中国史实,地理,文学,美术,宗教,传记,动植物,均有叙及。论文半为编者自纂;特约稿件,则附有选稿人姓名。有些并附有书目。排列以西文字母先后为次序。法人 Cordier 氏也有 Bibliotheca sinica 的编著,计有四卷。于一九〇四年至一九〇八年之间,陆续发行。这两书为西人所编。我们查阅本国的材料,自不必借重我们西方的"朋友"。可是一个古人的生死年月,事业功迹,也多可以在上列西书中一检便得。要是抵制外货,从古籍新书中找出究竟来,除非精于此道,否则终会叫你苦无所得。希望有我们本厂自制的百科全书出世,消除了这些可以避免的羞辱。

年鉴 关于逐年统计的材料,有所谓年鉴的发行。年鉴必须能按期出版。万一只能发行一次,无继续编印的计划,还不如老实的题名为某年的年鉴。否则第一回久已问世,而第二次遥遥无期,叫大家抱着那本不注年月的旧古董找材料,有点太失实。商务印书馆的《第一回中国年鉴》就是坐了此病。如再印行,最好能在书面上标明年代,并在各项下注明材料搜集的日期。就没有第二回,也可不至误解。

Woodhead 氏主编西文的《中国年鉴》有年。民国元年首次发行,至今没间断。内中论文,除少数由我国人著稿外,多由西人编纂。每年并将前一年发生的大事,各著专篇。例如一九二六年——一九二七年本,有关于罢工,排外,关税会议,司法调查等论文。一九二八年本有国民革命专篇。此书行销国外,西方研究我国国事者,多取材于此,影响甚大。所以希望中央政府来担负这方重责。

关于国际的普通年鉴,有《世界年历》(World Almanac)和《政治家年鉴》(States man's yean book)两种。普通图书馆能各有一册,对于国外一年来的重要事件,自有可检得的材料。前种篇首附有索引,大多偏重于美国事实。发行已有六十年。每册取价,约合国币两元。后者排列,首为英美,其他国家各依字母的次序排列。每国的政府,宪法,领域,人口,宗教,司法,生产,国防,商业等的状况,均有简单的叙述。此书也有六十余年的历史。年出一册,每本取价约合国币十六七元。前者属社会的零星材料,集聚而成;后种为政治的,侧重于整个的叙述。

其他专门报告的年鉴,种类甚多,未能一一叙及。各个图书馆应各就本身经费的状况和开放的对象,配置一二,但须严加审定。百科全书和年鉴,要能随时购置新册补编,以谋完备。参考图书,取价较贵,且又不能代替一切出版物,这层要特别注意,选书方不至误。

第六章　分类编目

　　图书分类编目的重要,这件事是公认的了。卖书的场所,也将各类书籍依类陈列;新书另行排列在便利的地方,藉此引起买客的注意。图书馆也是一样,图书收到登录以后,须加以类别,依次陈列架上。新书亦得另行暂放他处数天,不得借出,以便来馆者先睹。不过图书馆的分类手续较繁,工作较周到。书坊在书籍卖出以后,就算完事。图书馆收到图书,算一份产业,要设法给识货的,有参考的便利;不识货的,也得不至大意疏忽,完全错过,要怎样处理方称便利;这就是意见纷歧的起原。大约总得有两面的观察。有些是以理论为依据的,有的却是以事实为前提的。图书是代表学识的有形记录,所以图书分类,就得有科学的背景。事实上只求取放的便利,就得要愈简便愈容易为是。所以有些图书馆在各别环境里,要找出一条两全其美的金科玉律。

　　分类　　国内图书分类,先前总是以《四库全书总目》为蓝本。科学的智识输入中土以后,学识的门类远倍从前。人类总是为生存才想出种种方法,方有种种的学识。所以学不论古今中外,名目纵有异同,内容或多相似。可是我们祖先又都崇拜博学万能的主义,所以一本文集里,可以找得出政治经济哲学文学以及医药制造的论说。复有那些圣贤经典,独树一帜,统称之为经。所以国内图书馆界在几重阵门以下,竟杀不出一条万全的路来!分类方法,归纳起来:

(一)以杜威方法为体,旧籍分置其中;或

(二)以四库方法为体,另增门类,以容纳新图籍;或

(三)中外书各自分类,分别设架。

西文图书的分类方法,西方人已有种种设置,我们不必自寻苦恼——专门研究学者当然要在苦恼中找愉快——,别出心裁。较小的图书馆藏书不多,《杜威十进法》已够应付。藏书较富的图书馆,可采用美国国会图书馆分类法(北京图书馆、中山大学图书馆、金陵大学图书馆均已采用),将来各省市立公共图书馆,自不必购置多量古籍。旧书除少数以外,均可用《杜威十进法》分类。十进法简明易于领会,故甚便利。关于中国方面,地位虽似甚少,然一方面可以加别种记号以谋扩充。可以将中国的号码与关于美国的号码交换。例如文学,英美为同文国家,杜威十进法产生的美国,也有将英国文学与美国文学合并一起,如此就可让出位置,将关于中国的部分补入。中国经子书籍,自须打破先前见解,分置于其它门类

中。王云五的《中外图书统一分类法》则以此为标准。他的类别标准，或尚有商确的余地，我认为中外图籍不必合置一处。普通图书馆的书库，既不开放，合并一起，究有何益？并且目录卡片绝对的不能合并，这是谁都不能否认的。图书合置，参考上终不见有甚么便利。说句老实话，书籍究竟是死东西。有时一类可归数类，分类法上所以有总类的名称，总类就是杂类的别名。所以无论任何高明的分类法，总不能将图书各如其类，恰得其当。这个地方，就不能不借重于编目。有些图书馆简直不将图书分类，将书籍依登录的前后，放置架上。只须将登录号码写在书脊上，就无困难。编目则力求完备，以便于参考（安徽教育厅指导员罗良铸君方自德国归来，亲向著者说过德国是有这样办法）。这个似乎太过分。但一个图书馆在初设立的时候，书多不及分类，依登录号码排列，也可减暂时的困难，加检点的便利。传记书籍，近亦有不别门类国籍，以所传者合并排列；小说书籍，不别文字，悉以著作人为次序；均打破以类归从的成法。所以为事实的便利计，总得牺牲学理上的成见。一方面须有学理的根据，同时又得顾及事实的可否，图书分类，所以只能相对的近于科学类别。这种缺陷，我们是无可弥补的。

分类方法，各有专集，此处限于篇幅，不能一一详载。图书馆且有自编的分类法，多未印行。我认为普通图书馆，可以备一册简本杜威分类法，就不遵照他的全部子目,也可利用索引的一部分,藉以认识不常习见的名目之类属。国内关于图书分类法的书籍,已有数种印行发售。但子目俱不详尽,应用时尚须自行加入;且不备索引,苟非熟习他的分类法,每易陷于错误。《杜威分类法》可见于国内的各种仿杜威分类法的书报。美国国会图书馆的分类法,亦是折中理论和迁就实用的产品。其大纲目如下:

A 总类	H 社会科学	P 语言文学
B 哲学	HB 经济	Q 自然科学
BL 宗教	HM 社会学	R 医药
C 史学	J 政治	S 农业
D 历史	K 法律	T 工业
E 美洲及美国总论	L 教育	U 陆军
F 美国分论	M 音乐	V 海军
G 地理人种学	N 美术	Z 目录及图书馆学

大门类用字母一个,或两个,子目则加数字一到四位,所以大有伸缩。添加新目自有余地。各门类自易各成整个,不必强归从于某类。数目和字母的兼用,阅者可于乘坐电车的时候,稍留心车票号码,必可了然于兼用字母数目发展的便利。此法全部尚未印行,又无索引,检查甚难。加以字母数字的兼用,变化较多,不便于记忆。

其他分类方法甚多,然均大同小异,国内所采用的,大约以上举两种为多。

分类的手续,不仅给某书一分类号码了事。同类的图书甚多,陈列书架,亦得有相当的次序,所以又有著者号码的编制。这又涉及国字排列问题。西文图书,只须依作者姓氏的字母为先后,寻常均用 cntter 氏《作者号码表》。本国图书的排列,大多采笔画的数目。近又有四角检字法和母笔检字法的发明,且每字均可以用一号码代替,将来用这两法的字典发行以后,图书馆界同人,自可辨别得失,任取一法。

编目　一本图书有归两类以上的可能,但同时不能有两个分类的号码。分类就能精细,也有偶感不妥的时候。有些图书馆用书形的纸盒,上标书名,下注该书所给的类别,放置某书可置两处的一处,藉免误会,然这决不是经济的办法。书架上似无须有这些"空架子"的纸盒,占据地面,所以这里就得借助于编目。大家对于分类方法,如果狐疑难决,俱感不满的时候,可以采取较切实用的一种,来从事于精细的编目。在成本的书形上,除此以外,是找不出别样的药方。

目录有册页卡片两种。我国旧习俱用书本。一个公共图书馆随时购置图籍,编辑一书本式的书目,必须时时修订。否则新书不能列入,年久等于废纸。藏书中如果有多种不常见或甚珍贵的图书,编一书目,或尚可说。寻常图书馆似可不必费时化钱,从事于此。发行书目,算不得体面。

卡片目录,则便于增加。排列如有错误,立可更改。某书可见三类,则可制三张种类卡片。以此类推,所以少数的书籍,可以卡片分析为多数门类。通常一书分类后,则制为书架表,(Shelf List,书架表为藏书的类别记录)它的排列,以号码的先后为次序,可用以检点每类图书的多寡,指示分类的标准,避免"称谓号码"(Call number 分类号码与著者号码的总称)的重复。书籍列架,以书架表的次序为次序。有些图书馆也用添书单为书架表的。通常则另制卡片,置编目处,以备参考。

目录上应有编著者,书名,门类三种为主的标题。卡片式的目录,则有著者卡,书名卡,门类卡。

(一)著者卡片　以著者为主的目录卡片。(图三)

(图三)　　著者卡片式(3″×5″)

称 谓	陶	孟 和 编
号 码		现代心理学
		(新潮丛书第五种)
(登录号)		北京大学出版部发行
		十二年十一月再版

(1)通常以本名为原则。其实别名或较为通俗。例如鲁迅,有时还有人不知他为周树人,或周作人。取一为主时,则须另为制一参考卡片,凡关于某人的作品,须在某姓氏下检卡。

(2)书为编或著,均须在著者或编者姓名后注明。

（3）机关编著的书籍,即以机关的名称为著者。

（4）两人以上合著的书,仅须列首一人姓名于著者项内,附加一"等"字。

（5）翻译的书,须以原著人为主,并应附他的原文姓名。翻译人姓名,可附在书名后。

（二）书名卡　以书名为主的目录卡片（图四）

（图四）　　书名卡片式(3″×5″)

称　谓	现代心理学
号　码	陶 孟和编
（登录号码）	

（1）书名应以版权页上所载为标准。书脊,标题上,有时省便简略,不能为训。新近图书有书名页,取题较为容易。

（2）旧籍,书名每冠有"钦定""御选"等字。西文书名,起首多有冠词,应不列入。如不能免,须加符号,俾便于卡片排列,且亦为检查便利起见。

（3）书为合订本,应为各书各制一卡,但须在卡上注明"在某书内"字样。

（三）门类卡　以书籍属类为主的目录卡片（图五）。

（图五）　　门类卡片式（3″×5″）

称　谓		心理学　（用红色）
号　码	陶	孟和编
		现代心理学
		（新潮丛书第五种）
		北京大学出版部发行
（登录号码）		

（1）标题应以公认的为本。国内对于各门科学，尚多未有公认的命名。图书馆标题时，应充量编制"参考"卡片。

（2）西方有标题专集的发行。编制西书目录，应购一册参考，用时复须斟酌本国情形，以定去取。例如英国可用 England，毋须用 Great Britain，但得另制一参考卡。

（3）图书标题，亦不得随意选择。普通类似的标题，如采用甲以后，同类的书，悉以甲为题。其他题名，只须各制一参见甲题卡片。

以上不过略举卡片目录的重要格式，和应注意的几个条件。较小图书馆，有了可以参照的标准，布置上也可以有所取舍。规模宏大的图书馆，必须有专门编目的人手和充分设备的经费，似非几条规则所能了事。总之编目的目的，为要：

（一）补救分类上一书不能分置两处以上的困难；

（二）分析一书应有的内容；

（三）制备关于著者，书名，和门类的详细索引。

所以目录不问为"书本式"，或为"卡片式"，都是要能给阅者有立可检得需要的参考，并能了然关于某项材料的范围，所以目录应具有下列的条件：

（一）简明不漏，用最经济的方法，标示图书的内容；

（二）分析不厌求详，一书可见十类者，就得有十张标题卡片，此在小图书馆中，更见重要；

（三）标题不应乱杂，义似名异的，可制参考卡片，毋须在各相似标题下为某书均备一格。

因此丛书合订本应各为编目；小说戏剧，可依著作人姓名，传记可依所传者的次序，汇置于"小说""戏剧""传记"等标题以下。标题虽要详尽，但不能笼统。关于家庭问题的书籍，应以"家庭"为标题，不必置于"社会问题"命名之下。分类上的困难，有完备的目录，可补不足。编目又以标题为最重要，须详尽明了，方方兼顾才行。

西方如美国国会图书馆有印成的目录卡片，举凡一书的内容，无不详尽，并依新式卡片编目方法编制，取价发售。国内大图书馆多有采用的。大学院近有著作注册条例的拟议。十七年全国教育会议，复有注册书籍，须各送中央图书馆两部的提案。中央图书馆果能成立，编印目录卡片，亦可补救目下各图书馆对于编目，感受无所遵依的痛苦。

书籍编目以后，仅须在明显处标签。通常均于书脊上贴一有称谓号码的签纸。目录卡片则须排列,以供翻阅,中外书籍的卡片,因中外字形的不同,绝对不能合置一处。西文须依字典式,以字母的先后为次序。中文通常则以部首笔画为标准,近又有各种检字法的发见,中字排列,或许可以较前便利。总之:一须简便,二要通俗。卡片过多时,事实上不许轻于尝试,屡更式样。

第七章　图书馆公开的办法

图书登录,分类,编目,是图书馆内部的工作。所以要这样去费事料理,无非想减少公开阅览的困难,和管理利用两方面的便利。阅者通常每以为图书馆是藏书的处所,有书就得要给大家看;所谓内部的手续和对外的规约,似可不必过分周全,这也是一班对于图书馆办公消耗的怀疑之一端。其实设立图书馆,为公众的便利。它的对象,固然是为一整个的社会。人类性情心术,又各多方不同;就得能在复杂的对象中,找出一条维持公共生活的道路。

公立市立图书馆,是用捐税一部分而设立的——西方并有图书馆专税的名目——,对于所在地的住民,就得要一视同仁,均给以应有的权利。但是因此就发生两个问题了:(一)是否不限年龄,俱可容纳? (二)是否不分书的种类,均得公开传阅?

关于第一点,近来所以有儿童图书馆的名称。年龄的大小,每难与智识程度成正比例。心理学家告诉我们说，低能天才，是人类天然的不平等界限。但这是变态的，不是通常的。人类生长期内，自有儿童成人的区别。他们的需要，当各不相同。书籍的选择，阅书场所的布置，读物指导的方法，在图书馆学中，几成为一专门学术。简单说一句，公共图书馆应为儿童特别设备，这也许是大人们所愿意的。

关于第二点，在我们文化古远的国家，更见重要。先前图书因为印刷术不高明，甚少发行。我们祖先，又有些"宁置高阁，不欲问世"的脾气；所以留下很多原稿抄本。"今不及古"，以言版本，复有明不如宋，宋不及唐的金科玉律。这些东西，都是国粹，应得保存，不能和新近发行的书报，一律的公开传阅。所以善本珍藏，有时不特不能外贷，且不许借阅。普通参考图书，例如年鉴，字典，辞书，是大家要能偶然一检便得的宝库；一个阅者不能据为己有。这类的图籍，就该放在公共阅书的场所。装订杂志，偶忽遗失，有钱无处买。发行杂志的书坊，对于补购较旧的杂志，取价有较原价高贵三四倍以上，要看的，就得请他到里面来。图书所以有可以借与不能借出馆外的分别，这是已经认为常规的了。

阅者也有不希望借回去慢慢赏鉴；到图书馆里来，原只希望随便看看，所以这里又有借书方法，和阅览规程。

住民向公立图书馆借书外出，当然要备有相当的介绍，和遵守公约的证书。图书馆方面，须得将借书人姓名登记,以便稽考。通常,图书馆于认可某人借书时,发给借书证。有效期内,凭证借书。借书人须知的条件,和管理上的手续,举要述列如下,以醒眉目。

（一）借书,须得图书馆主任或馆长的许可;

（二）借书人于初次借书时,须有相当的介绍,并填写借书人存查单。

（三）借书人执有借书证,凭证借书。证如遗失,须缴补证费。但不问愿否补证,均须向借书处声明,否则如有携此证前来借书,图书馆不代负责,并得向原领证人索还借书。

（四）书籍借出,有一定的期限,到限可以续借。逾限不请延期,须受相当的处罚。

（五）借书人除有借书证外,并须在所借书的书卡——有称谓号码,登录号码,著作人姓名,书名的卡片（每书一纸）——上签名,管理人应将书卡依著者姓氏,或称谓号码依次排置,以备检查某书是否已经借出。

（六）借书如遗失或污损,须由原借书人赔偿。

（七）管理人发见多数索阅不得的书报,应通知职司购书的部分,以备参考。

（八）借书管理人应将借书证依次排列,或以借书人姓氏为序,或以借书证号码为次。

（九）管理人应将每日借书人数,和借出图书种类填列所备的统计表,藉知本区内阅书人数的多寡,和需要的趋向。

（十）学校图书馆有指定参考书的设备。书籍一经指定为某课程上的参考，就不得借出。

图书既有可以借出和不可借出的区别，阅者又有愿在馆内阅看和借出馆外的不同；所以图书馆除设有借书处外；并须有阅书室的设备。普通参考图书，指定参考书，以及杂志日报，是绝对不许携出馆外；借阅书籍，又得要遵守上列所举的条件。至于阅书室开放，就须先决时间，设备，公约种种的问题。

公共阅览室的开放，应有规定和长久的时间。每日开放几小时，假期内开放几小时，应列表张贴各馆门口。管理人须严守规定的时间，不得藉故停止开放，失信于民众。开放时间的长短，就得以各馆的人手，和所在地住民的职业为标准。在大家工作的时候，开起门来，谁来照顾？做一项事业，要认识那一项事业的来往民众。大都市商场的忙闹时候，总在多数民众每日办公以后，和假日节期。所以图书馆更加要注意于假日的开放。但是人手不多，内部工作又须顾及，以每日工作八小时为标准；时间支配，管理人就得要能牺牲自己。平常如能在午后一时起到晚间九时，较为适宜。管理若有二三人，就可伸长时间，妥为支配。旅店浴室的夫役，所以有日班晚班的分别。要为顾客谋便利，总须设法。住宅区域的阅书处所，因居民每日外出工作甚早，晚间休息亦较早，开放时间可以减短。总之以人手经费和所在地的情形为依据。所以（一）要在多数民众能来阅书的时间以内开放；（二）开放时间，一经公布，就得要严行遵守。

有些父兄严禁他们的子弟晚间外出。儿童阅书的场所，开放时间，就得要适应当地的环境。并且要能吸引满街跑的"游童"前来阅书，藉以减少不良的行动，这也是大人们所最关心的。

阅览室内有下列几条公约，为了大家的好处，是不能不定的。

（一）阅者不得高声朗诵，谈笑争辩；

（二）不得携雨具入室，放置在书桌坐椅的上面；

（三）吸烟，随地吐痰，妨碍公众的卫生，均须禁止；

（四）室内书报，未得管理人许可，不能私自携出；

（五）书报由借书处取来的，签名负责，阅后随即归还，阅者不得私向原借书人直接索阅；

（六）公共书籍，阅者不能自加圈点，注批，（有人自许聪明，以为加上圈点注批，可以减少别人阅读的困难。见解各有不同，应让各人自去体会。学识智慧上，都不能强做别人的顾问。）我们许多国粹的图书，尝以得某名人圈批为荣；公家的书，实以有此为耻。

书籍可以借阅，馆内又有阅览室的设备；对于左近住民，可说机会很好了。但是我们国内平均起来，约五六县或七八县（没有统计可考）共有一所图书馆。交通又那么不便利,图书馆只能算为某地名胜之一,不能做校外教育的利器。大家虽都感到必要,但没有钱,又没有人,只好再等机会罢了。所以为要救济目下的饥荒,和树立永久的基础计,每省每市每县应立一图书馆,主持计划和推广。利用各区各乡小学校的地点,将所有书籍,采巡回办法,于假期节日,在各处添些临时的阅书所。经费如充裕,可以在适当地点,设立永久的阅书室。选择,采购,分类,编目等工作,悉由市立县立图书馆担任起来。那么经费人手方面,都可以节省。各乡各市小学教职员,也得受图书馆的委托——当然要酌给薪金——充当各分阅书所的管理人。小学校教职员和民众互相联络,不特可以减少许多误会,也是小学校应负的义务。图书馆和民众有了密切的关系,管理上也得有相当的设置,方不致有顾此失彼和不适环境的流弊。总之要以少数的经费,购置多量可读的书籍,供给多数的民众阅看。

第八章　图书馆的用具

图书馆自身有它的特殊的技术,公开阅览,又有它的相当的设备。这在东西各国,有经营图书馆用具的专门商店,例如美国的 Gaylora 兄弟公司,聘请专家监制各种用品,以应各图书馆的需要。日本间宫商店,开设较后,然日本图书馆事业的发达,可以想见。近来国内新设一图书馆,则通函各处,索取各种用品样张;参观图书馆的人们,对于用具亦不吝盘问。然而他们或徒取外观的美丽;或取样制造,一任匠人支配,式样以及范本,大小材料,俱不之顾。假设全国有一个中央图书馆,可附设一制造印刷所,就能编制用具,式样材料格式都有准绳。一位全无经验学识而受命办立一个图书馆的人员,也无须跋涉长途,瞻仰人家的表面。用具为什么要有一定的格式?一张桌子,有写字台,餐桌,牌桌等的分别。写字台未始不可以吃饭,餐桌未始不可以打牌。但是果真为某种用处,制造取材式样,大都总稍有规定。人类生活复杂,就有种种格式,给人们有想像的能力,和应用的便利。电灯有十六支光三十二支光等名目,为什么没有十五支和三十一支的灯泡呢?图书馆的用具,也是这种,专门事业的人们,根据学识经验,给大家立下几张式样。例如卡片的大小,通常以长五英寸宽三英寸为标准,足够一书编目之用,排列起来,也不至妨碍检阅。

馆屋建筑,须有赖于工程学家。普通图书馆或只能有数间的空屋,这里就谈不到能否满意。布置得法,或亦大可适用。

书架 阅书室内的书架,大多依墙而设。藏书处所,墙架以外,当推度房间的大小,酌置双面书架。书架大小高低,要能一律,书籍迁移,自较便利。成人用的书架,通常以七英尺以下均高为度。除架脚约占四五寸外,可分七格。阔以三十寸到三尺为最合宜;深可八寸,双面架要有十六寸。有隔板的两面,可分成锯形式的隔当,以便隔板上下移动。书架不问两面单面,前后俱无隔板的必要。儿童阅书室内的书架,高度约须低两尺。书籍陈列架上,不可过挤,随时均须让出三分之一的地位,以备扩充。本国图书的陈列,每发生横置或直放的疑难问题。新近出版书籍,均可直放,旧籍在普通图书馆需要较少,尚易处理。藏有多量旧籍的图书馆,财力如能将书从新合订,以便与新籍合置最好。否则不特中外书籍,有不能合置的困难;本国新旧书籍,也要分成两部。

书桌 每个阅书人,约占有三尺的地位。桌的大小,就可以此类推。但很长的桌子,总不相宜,每桌以能容六人到八人为度。两桌中间,应有三尺以上的隔离。书桌以结实平坦为主,雕饰绝非必要。儿童每人所占的地面,约为二尺。孩童无长坐静坐的耐性,每喜动手动脚,所以桌的大小,以能容三四人为最长度。高低应有两三种尺寸,以便大小长短不同的孩童。

坐椅　坐椅要简单,轻便,结实。如附有手把,须稍置高,使要太舒服的阅者,不能利用它做脚架。儿童用的椅子,也要有数种不同的高度。

借书处　应备有暂置还书的书架;填写书单的桌子或柜台,要比平常的稍高,使借书人不能手及办公桌上的物件。借书人存查单,借书证及书单均须有合度的卡片屉,以便排列,靠近办公桌,以便置取。

目录箱　目录箱的抽屉数,应该足够暂时装置目录卡片和相当期内扩充之用。每屉以能容千张卡片为度。屉的大小,当以卡片为标准。屉的外面,应有标示屉内的内容之设备。目录箱装置,距地切勿过近,免使用下面的数屉时,感及困难。

杂志架　新近杂志,应放在阅书室或杂志室内,供众阅览。杂志架当依墙设立,通常用斜面式,以醒眉目。或将架分数直格,让杂志直插其中,如从前挂在壁上的放信袋一样。但每本应占一格,不宜叠置。(杂志室内如无人管理,可将杂志置于借书处;借阅手续和借书在阅书室里

64

阅看一样)。

报架　阅书室面积如不大,自不能布置报架,每份报纸势必均放面上;但须为每份报纸备一报夹,使不至散失。

以上所举,乃关于设备方面应有的用具。名目不止如此,制造也不尽要如是。限于篇幅,不能绘图以示概式。规模较大的图书馆,编目有特制的桌椅,搬移图书,有轻便运送的车架。若有这样设备的力量,自然要仰乞专家的匡助,好各得其当。目下一般图书馆,说句老实话,只能因陋就简。不过这里面也要看能否运用适当。例如办公桌子,只有一律的附有数格抽屉的书桌。那么就可将每格抽屉隔开,以便处置各种的卡片——这是图书馆里的支票债券——,分放各种图章以及零星文具用品。我们总希望用具都能各合式样;设置方面,也得有先后。一个新设立图书馆,忙于布置,又要体面;经费支配,稍有不当,就要大受其累。比方目下急需添置三个书架和一个杂志架,纵有经费,宁可做四个书架,暂以一个书架放置杂志。这些就要希望主持的人能实事求是。但是自图书馆事业的立场上看起来,设备方面,也要有点式样,因为设备能否周全,和效能管理均有密切的关系。抄写和印刷,均能成功这一本书,以言快慢功效,则有分别。所以编制图书预算,也得要为设备留些地步。

至于卡片和其他工具,试以一有千册书籍的图书馆为标准,应有下列的用品和数量。

（一）购书或登录卡　一五〇〇张（可用为书架表）

（二）杂志登录卡　　一〇〇张（周报、月报、季刊、年刊均可适用）

（三）目录卡　　　　五〇〇〇张（每卡平均四张）

（四）指引卡　·　　一五〇张（每二五张目录卡应有一张）

（五）标签　　　　　一五〇〇个

（六）书卡　　　　　一五〇〇张

（七）书袋　　　　　一五〇〇个

（八）借书人存查单　一〇〇〇张

（九）借书证　　　　一〇〇〇张

（十）索还书条　　　一〇〇〇张

（十一）借书统计表　二四张（每月一张）

（十二）登录簿　　　一本（可登二千册）

以上一至四及六至九,应用卡片纸,通常每千约需四元许。其余各种,可用寻常白纸,每千约在二三元之间。另星购置,价目较大,诸不合宜。这又希望有一专营此业的商店。

书夹　　三十只　裁纸刀　　一把（以骨制为宜）

馆名图章　一枚　日期图章　一枚

打印盒　一个　　胶水　　　一大瓶

黑墨水　　一瓶　红墨水　　一瓶

其他尚有铅笔水笔等文房用品。关于式样品质，最好各馆都能备有 Gaylord 兄弟公司或日本间宫商店的目录，以备参考。虽不必购买外货，自制亦较有把握。

书籍内页稍有破裂，可用透明纸随为黏住；脱线亦须即为重订。西书面落脱书脊时，如备有压纸机裁纸机和其他用品，也能自为料理。较大的图书馆另有装订股，职司装订杂志，修理旧书。可是如没有这样的经验，不必轻于尝试，还是以送到有专门学识的工匠为是。但是从事于图书馆事业的人们，也得要有修理装订的常识。

第九章　图书馆与教育

　　教育,在大体上可分为两部,学校教育和社会教育。学校教育,有小学,中学,专门等名目。它的系统是一贯,依级递进,不能相混。图书馆,博物馆,通俗教育馆,演讲会,函授学校等均各有教育的意义,而影响到公民教育且较学校更大。通常人们完毕义务教育的年限,就与学校不生关系。中国能进中学校的,百无一人;进大学的,千无一人。所以从事于学校教育事业的人们,就得要指导儿童有利用公民教育机关的能力,图书馆的地位,更为重要。学校给我们有学识的基础,图书馆是给没有进高等学校能力的人们,有继续研究的机会。学校是初步的,图书馆是无止境的;学校里只能为百科略备常识和门径,图书馆则能供专门的工具材料。公共图书馆和学校是互助的。社会里不能无学校,也不能没有图书馆。事实上学校和图书馆在教育范围里,各占有同等的地位。图书馆不能取代学校,而为人类教育惟一的利器。而学校也不能尽教育的能事。目的相同,方法则异。学校教育方法是正式的,而图书馆则极端的非正式。儿童入校,说是义务,被迫而来。进图书馆,是他的自愿。因此双方对于儿童的旨趣,是绝不一致。教师公认儿童无辨识优劣的能力,所以要告诉他一切;图书馆管理人要能吸引儿童对于好的方面自去体会。要怎样去培养儿童的体会力,这就不得不乞助于学校里的指导;所以不能不说到学校图书馆。

初级学校有少数普通图书和精选的流通书籍,已够支配。中等学校里图书馆和其他实验室有同等的重要,学生有一半的时间要在那里工作。阅书室要能容纳需要图书馆的人数。指定参考书又有程度内容文字种种的关系。一书或须备有许多复本。经费的支配,有多少为设备实验室的,就得有同等数目扩充图书馆。工具方面,应有相当的指导。普通学生对于一书的目录和索引,俱无辨别的能力。一本字典,除了拼法音注释义,还有其他功用。粗忽的学生多不注意。所以中等以下的学校,若设备关于图书馆学的学程,应以利用图书方法为必修科目。

公共图书馆是放任的,阅者自由选择。学校图书馆带点监督或引导的色彩,图书选择有严格的标准。分类编目应简单。通常每误以为藏有数千册的和藏有数万册的图书馆,规模虽有大小的分别,工作都要能切合"图书馆学"上所有的条件的。但是要知道专门学识,要在能运用。建筑一个数千元的房屋,决不会和那数百万的巨厦有同样的工程。所以一个管理员在学校里，不特要明了课程的种类方针，并须能了然于教员们的教授方法，课本的内容。选择书籍，总得要和教员们合作。教员们也得要常接近关于研究上的工具书籍，每年有千万种新书的发行。课本内教材，日新月异，死守了几本旧书，是要将学生们送到博物馆去。精于运用参考书的教员，每能在书名不相关的书里，找到参考的材料。例如帝国主义的研究，在历史政治经济外交商业的书里，都有零星的叙及。一个常识较富的管理人，能将少数的书，介绍给许多有疑难问题的去参考。学校除课本以外，应备有欣赏娱乐的读物。主任教员可选列合于某级程度的书籍若干种，在级会及其他聚会的时候，大略说明所选各书的内容，性质，作者，使学生在课余例假时，得任意选读一二种。一个中等学校的图书馆，所以要（一）备有关于学程的参考书；（二）备有精选的课外读物；（三）备有应用工具书籍如字典辞书等——的方法。

专门以上的学校，参考用书和实验设备，更居重要的地位。国内关于专门科学的书籍甚为缺乏，自必要借重外籍。东西出版图书，每年有千万种。选择方面颇感困难。一位研究财政的学者，关于财政的出版物，应有辨识的能力。可是在我们国内的书业市场，范围甚小。西方书坊每多委托国内一二家售书处代为推销。而较小发行所，不特市上不见它的出版物，它的铺名。识者仍少。市上外版图书的种类,自难望齐备。关于社会科学文学的书籍较为丰富,科学的,则寥寥可数。专门研究的学者,就有继续阅看新书的志愿,也感得到书困难的痛苦。所以专门学校图书馆。应备有各书店的目录,或如第六章参考用书上所述的大目录,及关于有书评的杂志。美国韦尔逊公司编印各种书目,颇为便利。购书虽有选择的工具,也得要有充分的经费。西书平均约在国币十元左右。文学书较廉,课本次之,科学书最贵。一个大学分若干学院,购书经费的支配,应以(一)课程的范围与(二)原有藏书的状况为标准。各院院长俱各有发展本院的宏愿,关于购书经费,组织一委员会,议定几条公允的办法。每院需要参考图书,须于三个月前填列交图书馆;并须给一最要次要的分别,购置就有伸缩的可能。专门以上学校里,每有各科阅书室的设备。校内如尚无专为图书馆应用的房屋,各科院的课室,又相距甚远,为暂时计,此种阅书室,未为非是。但是藏书不多,各科院的学系,又无明显的界限,分开起来,只遇着困难,没见到利益。在图书馆人手甚少的地方,编制一份目录,已感迟缓。各科阅书室自不能有专员司理,编不成目录,找起书来,不便更甚。所以行政上须得要统一。阅书地方不够用,分开几处,只能将每季课程上指定参考书暂移一室,以便应用。指定参考书籍,教员们已在课室内向学生说明。学生因为或需报告,或要口试,这些图书,与课本同一重要,就不能任人携出室外。有些学生遇到书放在书架上，没有人看，又不准他携出时，有点不耐烦。其实在开放时间内，只能在室内阅看，有时虽放在架上，没人理会，但适在某人携出后，便有人来索阅的。天下事凑巧的多得很！所以参考图书室的开放时间，应在可能范围内，特别加多，给大家有随时可来的便利。

学生在学校里对于利用图书馆，有了相当的训练，出校以后，不问是否继续从事于专门的研究，或消闲的读书，公立图书馆就是他惟一照顾的地点。人们有自小学或中学或大学里完毕课程以后，就离开正式学校，所以公共图书馆，就得要为各级智识程度的民众设备。每个社会里有特别的需要，也有它特有的材料。日报，公报，志乘等，均系关于某地从前和现在的史实。当地图书馆就负有保存的义务。工业区域和农业区域，自有不同的需要；然个人的兴味，亦得要顾及。说是成全十个寻常的人们，不如帮助一个科学家，这话似太过分。但人才的培养，自是社会的义务。公共图书馆就得要兼顾个性和普通两方面，使校外教育得以继续不断。

公共图书馆里，或许小说的阅者最多。事实上在工作以后，执一卷小说消遣，亦是人情的常事。但公共图书馆究不是小说陈列所，应得设法吸引民众乐就别种图书。书库不公开，翻目录有点麻烦，最好的办法，是将图书轮流陈列于阅书室内，给大家有接近的机缘。附有说明的简单书目,可以分发到区域内的商店工厂,总得要大家认识图书馆是公共的知识货栈,不是单为"读书人"设备的才行。公共图书馆如果有特备的房屋,应特留一二间为各种学会开会的场所。第一步总得要大家愿意来,第二步总得能给大家满意以去,方够得上做学校外的教育场所。希望有学识,经验,热情的人,能来担任这样工作。因为没有好的店友,货物放在架上,经过的顾客,不能问疑,只得怅然而去。

所以主持学校教育事业的人们,应认定学校教育是基础的且有终了时的。图书馆的设立,就是根据了这个基础,给大家有维持的实力,方法,和材料,又要能弥补这"有终了"的缺陷,让大家各去发展那无可终止的事业。学校统系上,有初中高三级的设备,但有许多人只能中途失学。图书馆就是一个不分阶级的学校,学识就没有充分基础,能认识千百个字,也有他的位置。这样就能证明图书馆的重要了。可是图书馆本不能代替学校,只可补救校中课程上,和设备上无可如何的缺点,与供给校外的读书和做事上应有的工具材料。并且学校教育,若不能给来学的有运用图书的能力,图书馆也只能等于虚设。学校和公立图书馆的关系,就不必问那些供给读物和交换图书种种,显而易见的,是共向一个目的,而各担负一部分的责任,这是不可免的分野,并益见两者同在一条水平线上,不许偏视。在图书馆的立场说起来,学校教育,总得要给学者有独自去图书馆找书看的能力,方有办图书馆的必要。

第十章　图书馆学与图书馆事业

　　无论做一件什么事，有很易对付的方法，也有很难解决的地方。譬如推广小学教育。培养师资，筹备经费，有了相当的把握和成绩，就可开设千万个小学校，以了义务教育的志愿。可是谈到教育方针，选择教材，以及设备种种，这里面就要有点能耐。所以初等教育学，在教育专科的课程上，也占有重要的地位。这并不是有了"学"这个名目，所以重要。凡现在的一切工作，只能认为暂时的，尝试的。没有"暂时"的"尝试"，不会有那成为专门的学术。图书馆的事业，也是如此。我们以前的"楼""阁"，在图书史上确占有重要的位置。但它的宗旨，在目下不特不能存在，并应绝对认否。过"楼""阁"而不得入，就希望有大家可入的图书馆。以言宗旨，今古不同道；以言方法，可以研究的地方正多。开放省立图书馆和建设阅书处，技术方面，已够我们思量。专门从事于某种事业的人们，每易犯自许过当而又自诩为曲高和寡的毛病。我们只须问现在的设置，是否能如大家的希望，是否有较好的方法,给大家有更便利的可能。图书馆的名目,发见尚无多日;图书馆学这一门,是否有成立的必要,确是疑问。西洋的学术,整个的搬过来,总有点格格不入,勉强宣传,渐渐就要腐化。所以西洋文化传到我们中土,对不住,要给它着点色。上如学校教育,财政方法,下如电影跳舞,大家明眼,无可讳言的。我们一方面尽可去研究图书馆学,同时就得要随时随地改进关于图书馆方面的技术。你说卡片目录有伸缩的便利,他说用来麻烦;你打开图书馆的书籍给他看,不能叫他欣然领受。这个若不是我们国人有几个共同的劣根性,卡片目录的本身,就有点毛病。市上不是常见新式的书本目录么?这也许是随俗所喜。

国民智识要提高,图书馆的需要,当日见重要。教育的范围愈推广,图书馆的工作,将愈见复杂。我们对于现状,如感不满,就得要改良。哪些应改良?什么是较好的代替?这是图书馆学成立的一大原因。自然图书馆学不自今日始,但在今日,更觉困难。房屋要能防火避潮湿,书库要便于推广;但现在经费不够花,怎样办呢?外国的分法不适用,四库旧法不够支配,又怎样办呢?诸如此类,事实理论,俱得兼顾。以前各章,大都就事实上立说。要为将来树一个基础,又得为现在辟开几条途径;这门事业,总得要稍超脱事实境界,方有"学"的可言。休管挖肉补疮,稍救目前,这是谁都认为必要的。建设的方面,当不止于此。前途有新的希望，预备的步骤，是不可少的。人类的生活无止境，学识的进步无限度，那么图书馆的事业，必得要能追随不休；图书馆学，自有它的地位。

　　近来有人对于图书馆事业，颇感不满；且于图书馆学，认为是开倒车的。例如心理学近有脱离哲学范围，跑到生物学队里去的趋势。一位新派心理学家，到一个采用杜威分类法的图书馆去看书，就有点不耐烦。要知图书馆学自有它进步的理论；事实上，藏书千万卷，决不能如得异术，立可改变旗号，候心理学家来检阅。编目的补救，是事实的救急药水；分类的讨论，在图书馆学上，依旧是有它的相当位置。倍根时代，学识的境界，是个什么样儿？他的科学分类法，自不能戴上现代的眼镜去观察。《杜威分类方法》的发明，也有数十年的历史。他十二次修正，还没有打破他原有的大类别。这原希望在应用上，不会发生多大的变化；但在理论上，我们绝不客气的去纠正他。图书馆学，是图书馆工作的图本；图书馆工作，是图书馆技术的材料；这是不可不辨的。

　　指导图书馆事业的人们，大多以学校的图书馆为对象。从事于图书馆工作的人们，也大多以学校的图书馆为试验的场所。这是很对的。学校里没有相当的训练，到社会里去，就有点无所适从。学校功课的支配，无论能否忠实；但有教师们的督察，多少可以给学生们有点门径。公共图书馆开起门来，决不能强迫人进去，人们苟能了然于它的内容和方法，自可无疑的随时去利用。

我在这书里始终没说到经费，或是大家感为不满的。但是没有钱，也得要干。有多少钱，就能做多少事。各省不是久已有了几所公立图书馆么？他的经费，每年至少在数千元以上；他们藏书，至少有数万卷册。阅书的人数，究有多少？这确实可以研究的。学校教育经费窘得很，而学校还得要开。社会上失学的人数，多得吓人，不过大家混入各个社会里，不易感到罢了。公共图书馆的需要，决不至是无的放矢，自有它的销路。这是不能不希望研究图书馆学的专家，特别注意。社会上失学的人那样多，并且还有那些连义务教育都没有受过的同胞，尽可设立民众学校和补习学校，同时也是为图书馆多造就几个顾客。图书馆的地位，当益见重要。图书馆能否脱离教育范围而独成一部，尚有商榷的余地。但它在教育范围以内，和其他机关站在同一条水平线上，自属无可疑问的了。

图书馆学，当然不仅研究技术而已。分类，编目，出纳等，有可以采用的格式；凡有两三年的经验，都可应付。所以技术的训练，是有模型的。这些模型，就是理论的具体结晶。理论当然要有模型的依据，而理论上的探讨，却是以改良模型为对象。图书馆事业，必须要有专门人才去承当，原不仅希望他们有技术上的本领，并且要能认识技术的理论。

78

国内学校教育，有了数十年的历史。开几次教育会议，或许可以解决目前几个切要的问题。图书馆事业，除少数属于学校的以外，简直是尚无成绩可言。固然，借助自外人研究的结果，可以粗备几个模型，给目下办理图书馆者有了依据的式样。我们的问题，究竟复杂；我们的呼声，终嫌薄弱。急促变不出戏法来，给大家了然这事不特关系个人，并且涉及全社会的智识培养。"智识荒"这个名词，久已熟闻；但这究竟不能和"饥荒"一样，能给人有生死关系的印象。民族的前途，现在大家虽不能有左右的能力，但谁都不愿意它日渐消灭。这就不得不希望大家及时努力。我所以在第一章里，就有增设通俗和参考图书馆的拟议。图书馆纵无基础，技术人手纵使甚少，为整个的计划，总能找出几个人来担负指导的责任。中央图书馆的设立，不特要能负训练技术人才的义务，并得要造就几个本厂自造的模型。全国图书馆，均有提高国民学识能力的使命，它自己就得要有丰富的理论，和进行的把握。这是图书馆学的唯一焦点。

内部方面，例如房屋式样，分类方法，编目条例以及工具用具等项，自须有深刻的研究，和周密的设备。对外是以全国国民——不限年龄，性别，职业，学力——为工作的对象；这不是一桩轻微的事。任重致远，不得不希望从事于此者，和热心的人们一致的努力了。

参考书

现代图书馆经营论　马宗荣

图书馆之组织与管理　洪有丰

图书选择法　杜定友

图书馆学季刊

Essentials in Library Administration. L. E. Steans.

Library and Its Contenst. H. P. Sayer.

Manual of Library Classification. W. C. B. Sayers.

Public Library. E. A. Baker.

Practical Handbook of Modern Library Cataloguing. W. W. Bishop.

本书中述及的外国出版家及图书馆用具商店:间宫商店　日本大阪市南区安堂寺桥通 4 丁目 5

F. W. Faxon Co. , 83 Francis St. ,Boston.

H. W. Wilson Co. , 958 - 964 University Ave. , N. Y.